Handwriting Without Tears®

Nombre: _____

Mi Libro de Escribir Imprenta

auto   rana   buque   perro

Handwriting Without Tears®

8001 MacArthur Blvd
Cabin John, MD 20818
301.263.2700
www.hwtears.com

Autora e ilustradora: Jan Z. Olsen, OTR
Autor de traducción en español: Sergio Martínez
Asesora de HWT: Emily F. Knapton, M.Ed., OTR/L
Diseñadoras gráficas de HWT: Julie Koborg y Leah Connor

Copyright © 2013 Handwriting Without Tears®
Cuarta Edición
ISBN: 978-1-934825-96-9
123456789MPC191817
Printed in the U.S.A.

El contenido de este libro está protegido por las leyes de los derechos de autor de EE.UU. Si un libro ha sido adquirido para un niño, la autora y Handwriting Without Tears, dan permiso de copiar páginas únicamente para que ese niño pueda hacer tarea y práctica adicional. Las páginas copiadas no pueden ser entregadas a otras personas sin el permiso de Handwriting Without Tears.

The contents of this consumable workbook are protected by US copyright law. If a workbook has been purchased for a child, the author and Handwriting Without Tears, give limited permission to copy pages for additional practice or homework for that child.
No copied pages from this book can be given to another person without written permission from Handwriting Without Tears.

Querido Alumno,

Este libro tiene letras, palabras y oraciones. Puedes colorearlo.

Sinceramente,
Jan Z. Olsen

Aa	Bb	Cc	Dd	Ee	Ff	Gg	Hh	Ii	Jj	Kk	Ll	Mm
26	62	14	28	38	64	30	60	36	46	42	20	56

ÍNDICE

Para Comenzar

Carta a los Alumnos.. 1
Índice .... 2 - 3
Mayúsculas, Minúsculas y Números 4
Aprende y Verifica... 5
Colocación del Papel y Manejo del Lápiz 6
Práctica con el Lápiz.. 7

Mayúsculas

Mayúsculas de Brinco de Rana

F E D P B R N Ñ M .... 8 - 9

Mayúsculas que Empiezan en la Esquina

H K L   U V W X Y Z 10

Mayúsculas que Empiezan en el Centro

C O Q G   S A I T J 11

Repaso de las mayúsculas 12
Repaso de los números 13

Letras Minúsculas

Como las Mayúsculas y l, t, z

c + o .... 14 - 15
s + actividad .... 16 - 17
v + w .... 18 - 19
l + oraciones .... 20 - 21
t + palabras .... 22 - 23
z + palabras .... 24 - 25

Letras de la c Mágica

a + palabras .... 26 - 27
d + oraciones .... 28 - 29
g + palabras .... 30 - 31
   actividades .... 32 - 33

Más Vocales

u + palabras .... 34 - 35
i + oraciones .... 36 - 37
e + palabras .... 38 - 39
   actividades .... 40 - 41

Grupo de Transición

k + palabras .... 42 - 43
y + oraciones .... 44 - 45
j + palabras .... 46 - 47
   actividades .... 48 - 49

Nn	Ññ	Oo	Pp	Qq	Rr	Ss	Tt	Uu	Vv	Ww	Xx	Yy	Zz
54	54	15	50	66	52	16	22	34	18	19	70	44	24

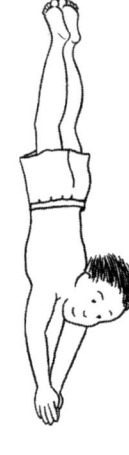

Letras Zambullidoras

p + oraciones .... 50 - 51
r + palabras .... 52 - 53
n + ñ + oraciones .... 54 - 55
m + palabras .... 56 - 57
      actividades .... 58 - 59
h + oraciones .... 60 - 61
b + palabras .... 62 - 63

Último Grupo

f + oraciones .... 64 - 65
q + palabras .... 66 - 67
      actividades .... 68 - 69
x + oraciones .... 70 - 71
      actividades .... 72 - 80

Números

Aprende los Números 81
1, 2, 3, 4, 5, 6 .... 82 - 87
7 + actividad .... 88 - 89
8, 9, 10 .... 90 - 92
Operaciones Matemáticas 93

Verificación Final 94

Clave de las Páginas con Actividades

Palabras — Plural – Agregar la s 17
Letras — Misterio de las Letras de c Mágica 32
Letras — Tamaño y Ubicación 33
Palabras — Rimas 40
Oraciones — Puntuación 41
Palabras — Deletreo Divertido con la c Mágica 48
Escribiendo en las Líneas 49
Palabras — Homónimas 58
Párrafo — Planetas 59
Poema — "Lobo Feroz" 68
Poema — "Aprendo Rimas" 69
Palabras — Meses .... 72 - 73
Oraciones — Preposiciones 74
Párrafo — Animales 75
Palabras — Compuestas 76
Párrafo — Insectos 77
Palabras entre Líneas 78
Mayúsculas — Sobre Mí 79
Construye Oraciones 80

Mayúsculas, Minúsculas y Números

Aprende y Verifica

Aprende letras, palabras, oraciones, y cómo verificarlas.

Cuando aparezca este cuadrado ☐, es tiempo de verificar tu trabajo.

✓ Verifica la letra
Maestros: Ayuden a los niños a ✓ verificar el comienzo, los pasos y chocar las líneas.

1. Comienza correctamente.   **2.** Haz cada paso.   **3.** Choca las líneas.

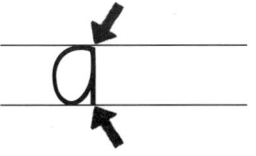

✓ Verifica la palabra
Maestros: Ayuden a los niños a ✓ verificar el tamaño, la colocación y la proximidad.

1. Haz letras de tamaño correcto.
2. Coloca correctamente las letras altas, cortas y las descendientes.

3. Pon las letras cerca.

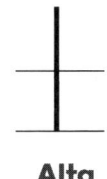  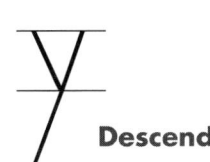

Alta   **Corta**   **Descendiente**

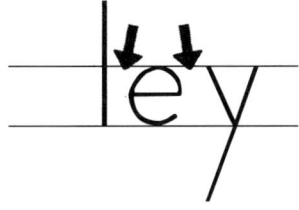

✓ Verifica la oración
Maestros: Ayuden a los niños a ✓ verificar la mayúsculas, los espacios y la puntuación.

1. Comienza con una mayúscula.   **2.** Deja espacio entre las palabras.   **3.** Al final usa .
O empieza y termina con ¿? o ¡!

Colocación del Papel y Manejo del Lápiz

CON LA IZQUIERDA
Colocar la esquina **izquierda** más arriba.

CON LA DERECHA
Colocar la esquina **derecha** más arriba.

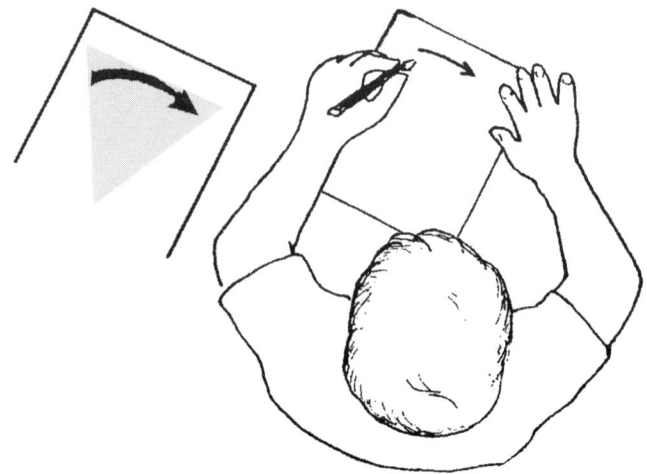
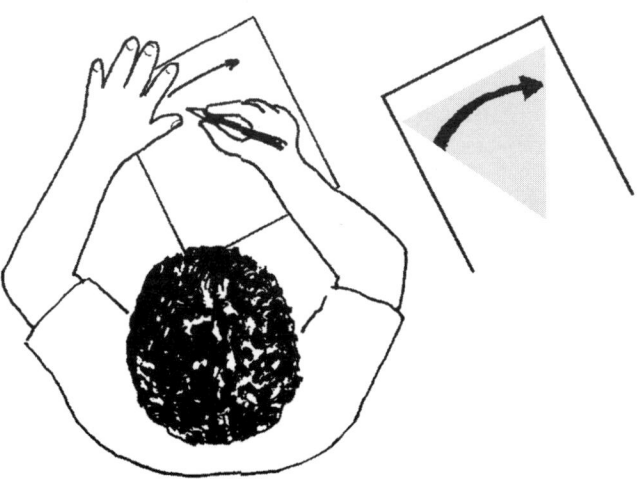

El borrador del lápiz apunta al hombro **izquierdo**.

Empuñadura común: Sujeta el lápiz con **dedo pulgar + dedo índice**. El lápiz descansa sobre el dedo del medio.

El borrador del lápiz apunta al hombro **derecho**.

Empuñadura alternativa: Sujeta el lápiz con **dedo pulgar + dedos índice y medio**. El lápiz descansa sobre el dedo anular o del anillo.

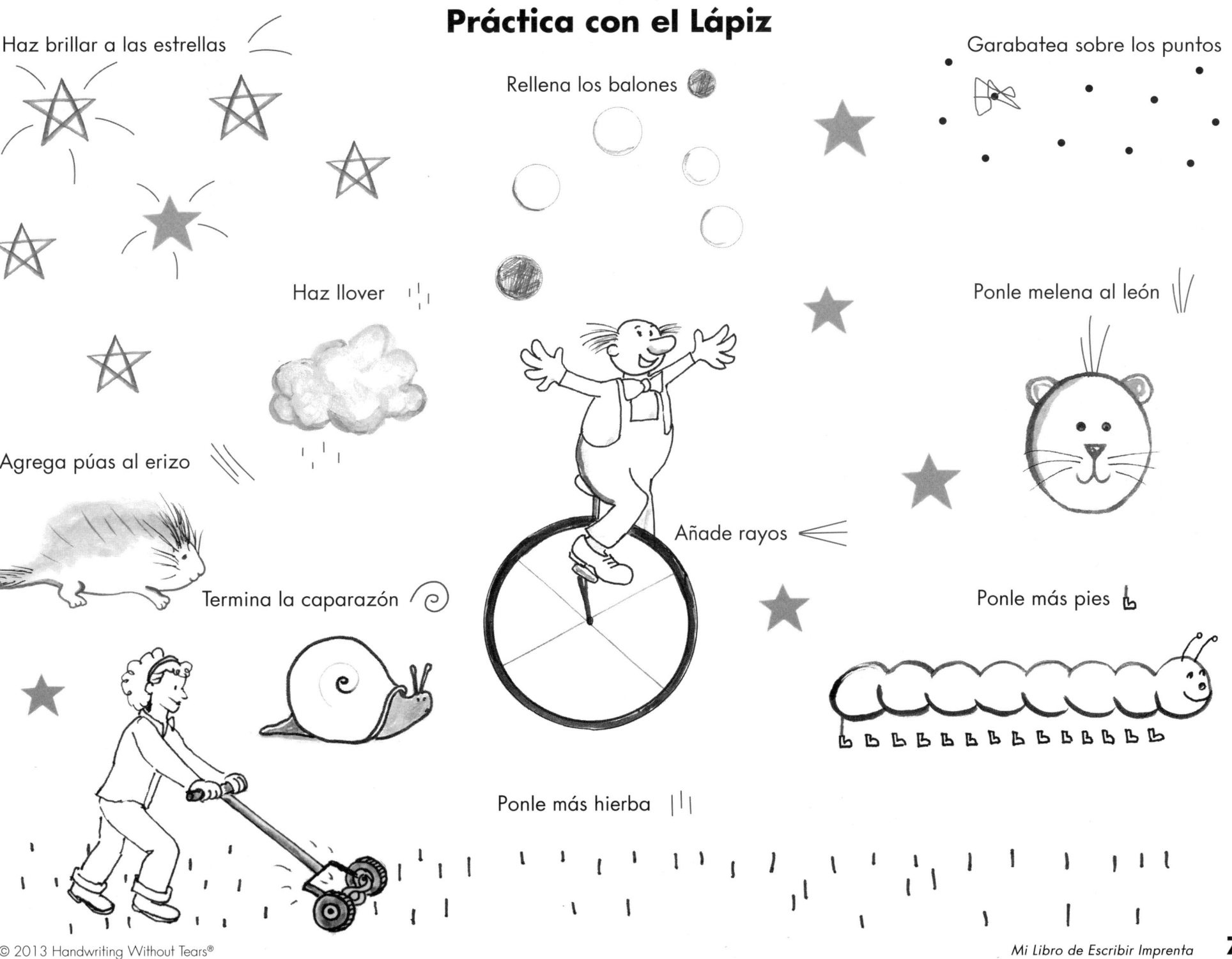

MAYÚSCULAS QUE BRINCAN COMO UNA RANA

F E D P B R N Ñ M son las letras mayúsculas de **Brinco de Rana**.

Las Mayúsculas de **Brinco de Rana** empiezan sobre el punto que hay en la "Esquina de Partida."
Haz una "Línea Grande" hacia abajo.
Haz un **Brinco de Rana** de vuelta a la "Esquina de Partida."

Ahora estás listo para terminar la letra.

MAYÚSCULAS QUE BRINCAN COMO UNA RANA

Empieza en la Esquina de Partida. Haz una Línea Grande hacia abajo. Haz un Brinco de Rana de vuelta a la Esquina de Partida y termina la letra.

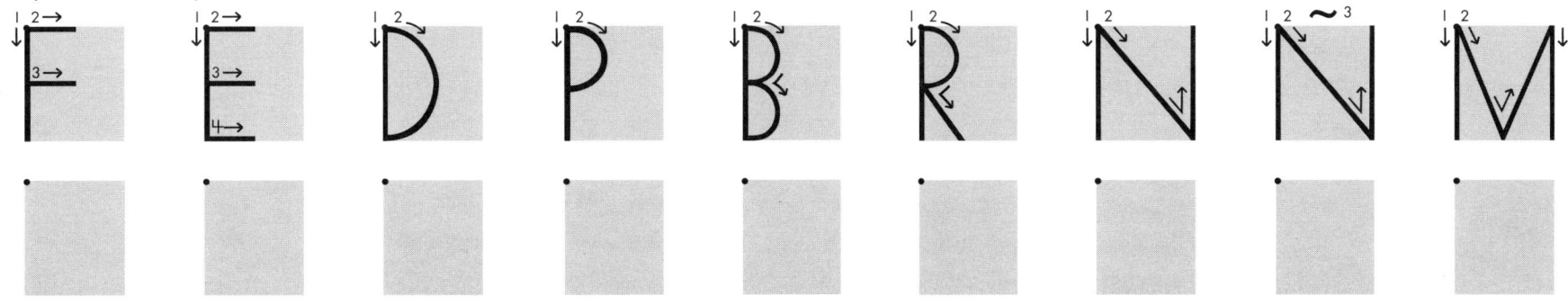

Empieza en la Esquina de Partida. Copia las Mayúsculas de Brinco de Rana.

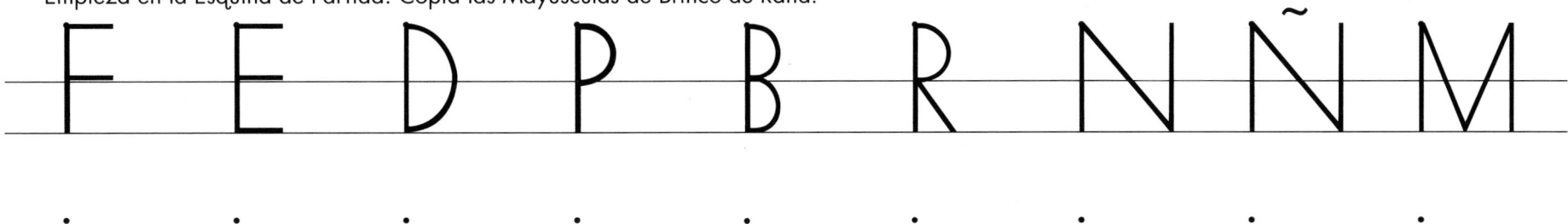

¡JUEGO MISTERIOSO CON MAYÚSCULAS QUE BRINCAN COMO UNA RANA!

Empieza en la Esquina de Partida. Haz una Línea Grande recta hacia abajo. Haz un Brinco de Rana hasta la Esquina de Partida. Espera hasta que tu maestro te diga cual Mayúscula de Brinco de Rana debes hacer.

MAYÚSCULAS QUE EMPIEZAN EN LA ESQUINA DE PARTIDA

H K L   U V W X Y Z son las letras mayúsculas que empiezan en la esquina.

Empieza en la Esquina de Partida.
Haz una Línea Grande hacia abajo. Termina la letra.

Empieza en la Esquina de Partida. Copia.

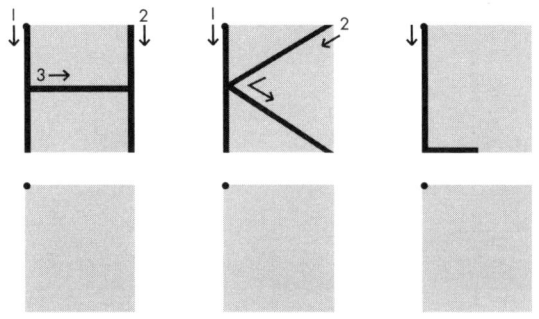

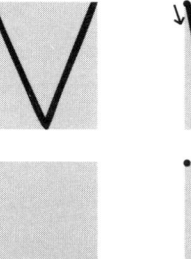

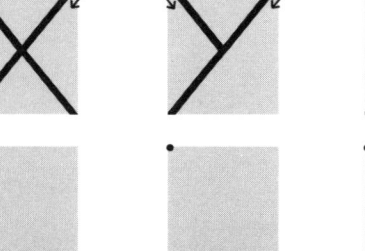

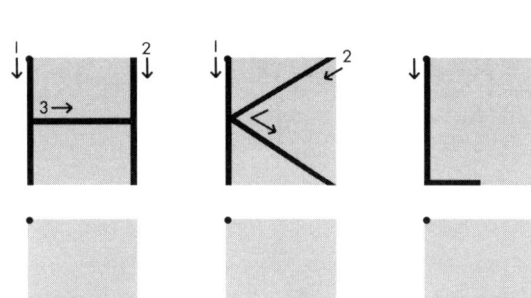
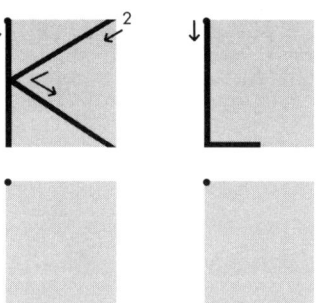
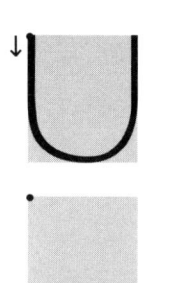
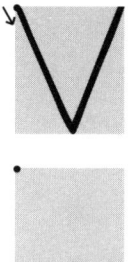
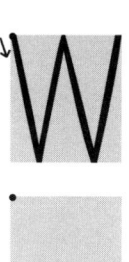

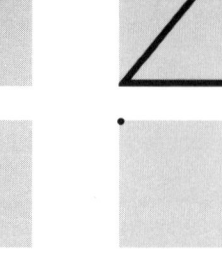

Empieza en el punto. Copia.

Empieza en el punto. Copia.

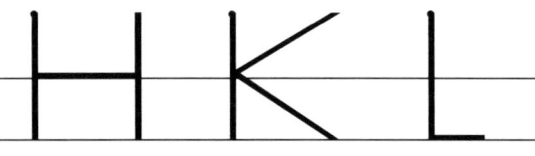
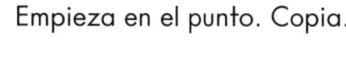
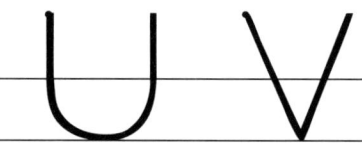
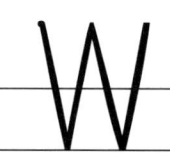

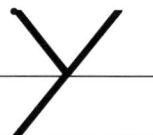

MAYÚSCULAS QUE EMPIEZAN EN EL CENTRO

¡Soy el conejo de la C Mágica!

C O Q G S A I T J son las letras mayúsculas que empiezan en el centro.

Empieza con una C Mágica. Copia.   Empieza arriba en el centro. Copia.

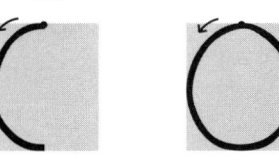 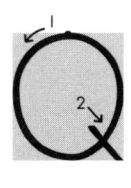 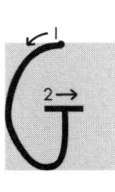  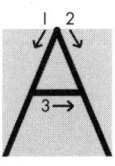 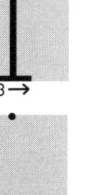  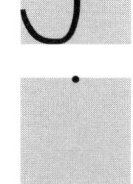

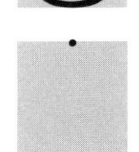    

  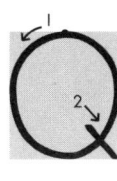 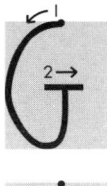    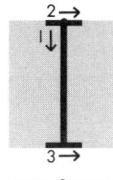 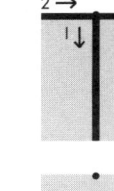 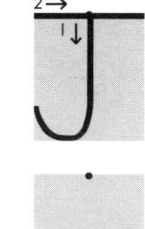

Empieza en el punto. Copia.   Empieza en el punto. Copia.

       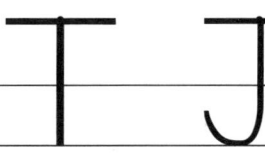

© 2013 Handwriting Without Tears®   Mi Libro de Escribir Imprenta

REPASO DE LAS MAYÚSCULAS

Empieza en el punto. Copia las mayúsculas.

A B C D E F G H I

A

J K L M N Ñ O P Q

R S T U V W X Y Z

REPASO DE LOS NÚMEROS

Empieza en el punto. Copia los números.

Usa estos Bloques Grises para demostración o práctica.

Empieza en el punto. Copia los números.

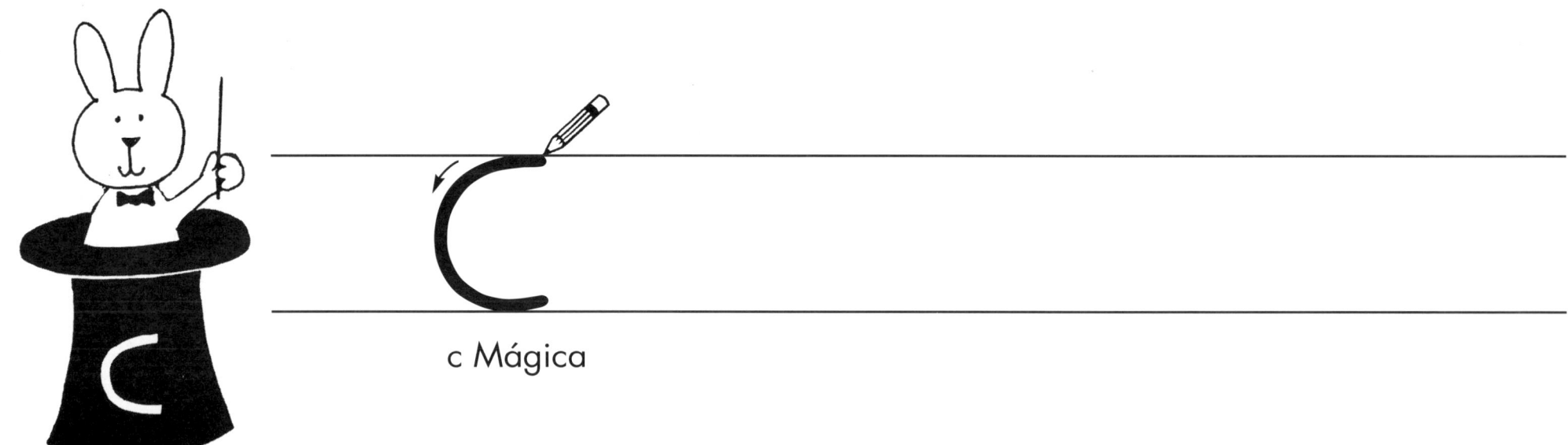

c Mágica

Empieza en el punto. Copia c. ☑ Verifica c

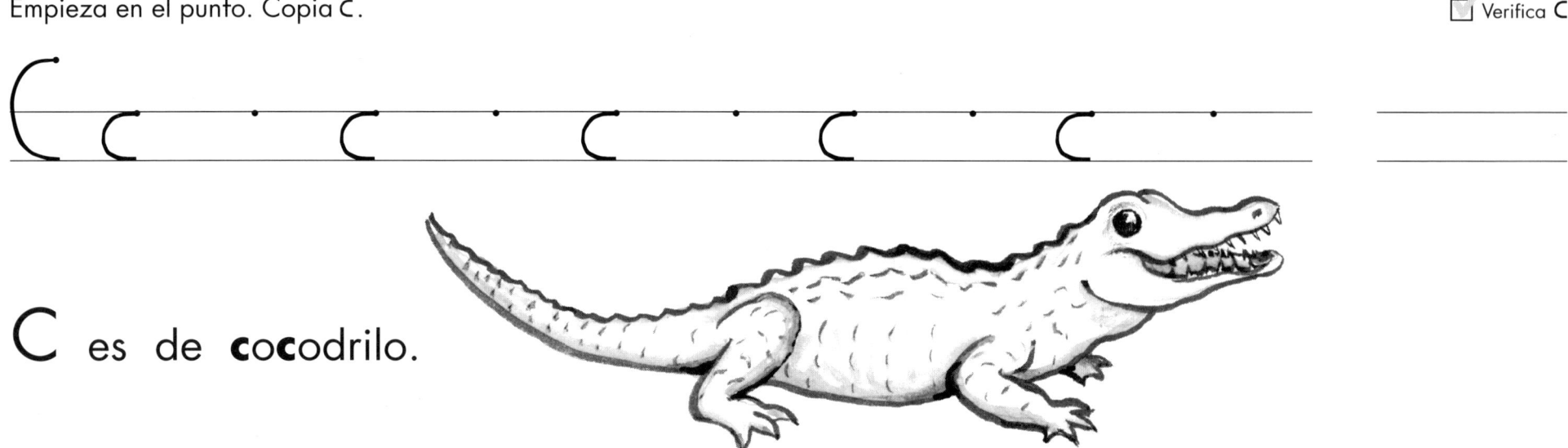

c es de cocodrilo.

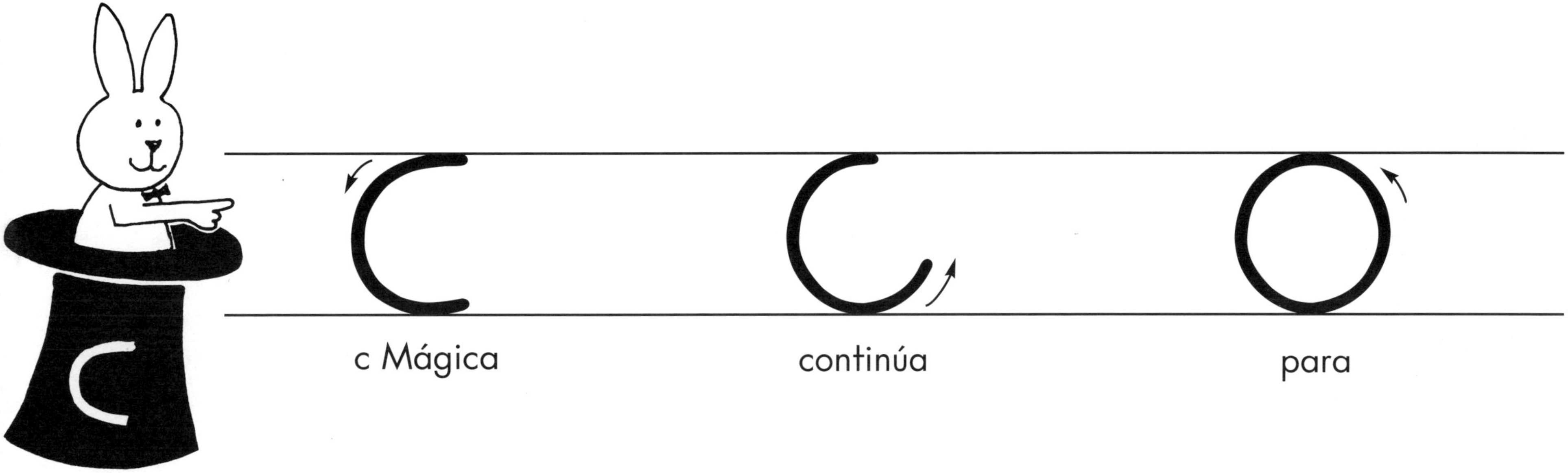

c Mágica   continúa   para

Empieza en el punto. Copia O y Ó.   ☑ Verifica Ó

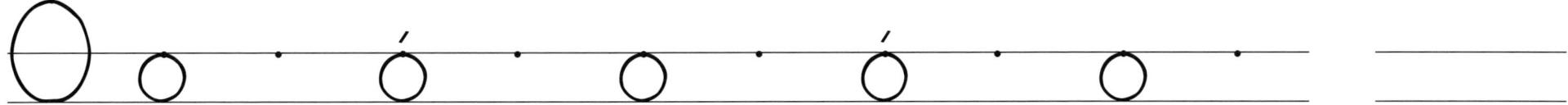

O es de oso.

c Mágica
pequeña

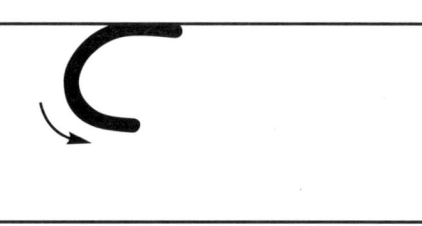

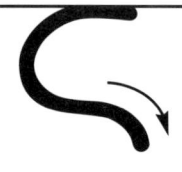

c Mágica pequeña

dobla hacia abajo

curva pequeña
al revés

Empieza en el punto. Copia S.

 Verifica S

S S S S S S

S es de **s**ombrilla.

16 Mi Libro de Escribir Imprenta

© 2013 Handwriting Without Tears®

AGREGAR LA s

Empieza en el punto. Agrega S para que la palabra sea plural.

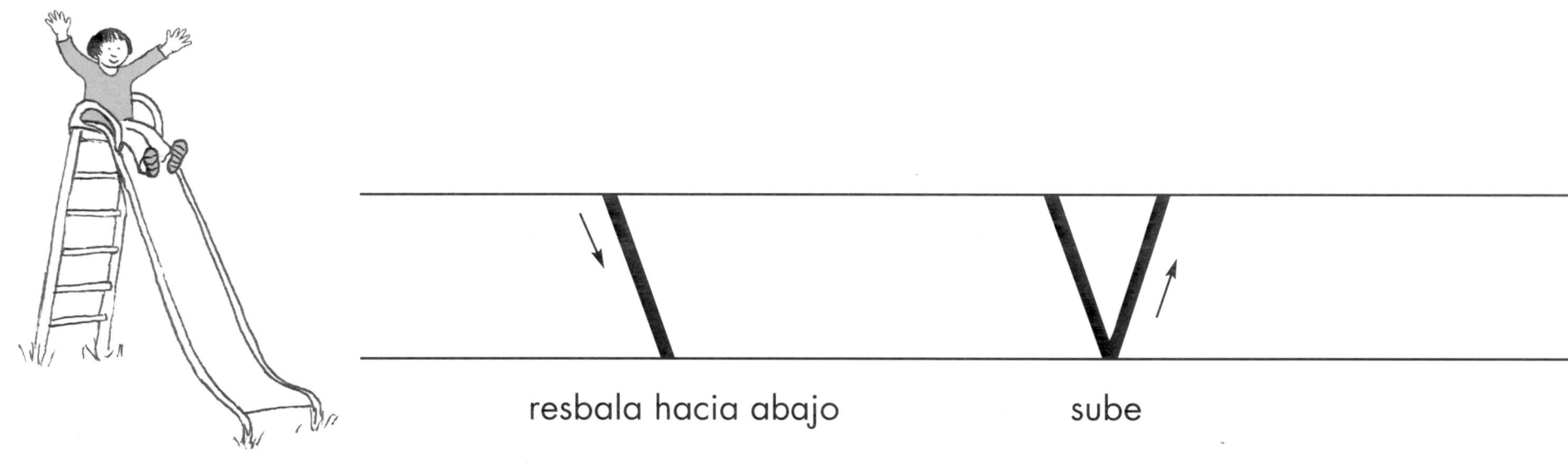

resbala hacia abajo   sube

Empieza en el punto. Copia V.   ☐ Verifica V

V es de vaca.

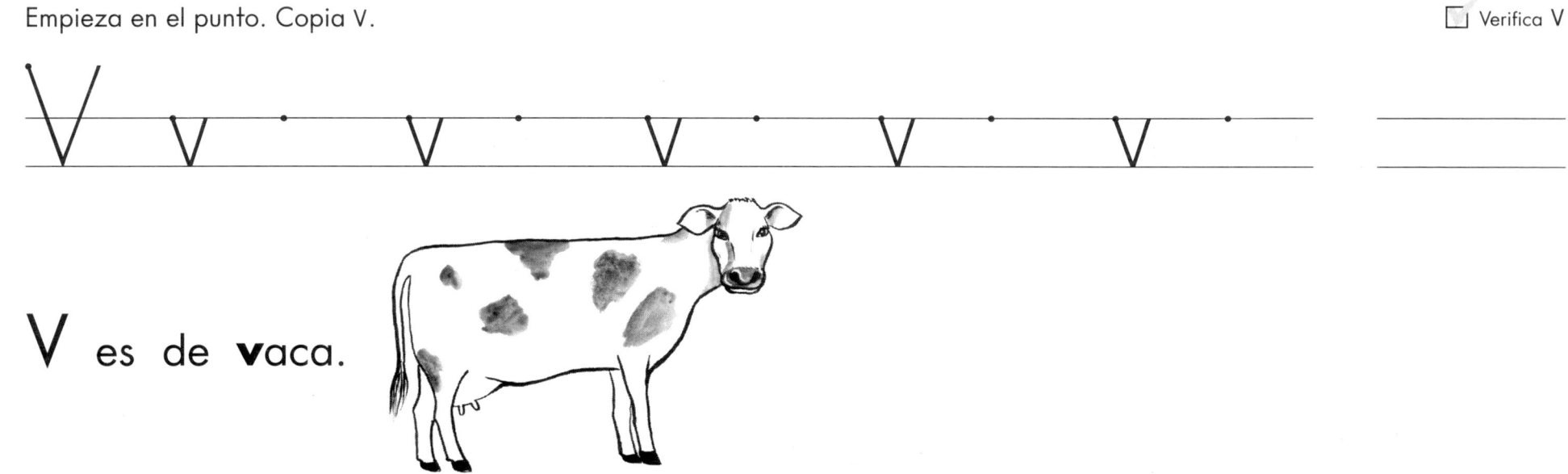

resbala hacia abajo
y arriba

resbala hacia hacia abajo
y arriba

Empieza en el punto. Copia W.

 Verifica W

W es de **w**affle.

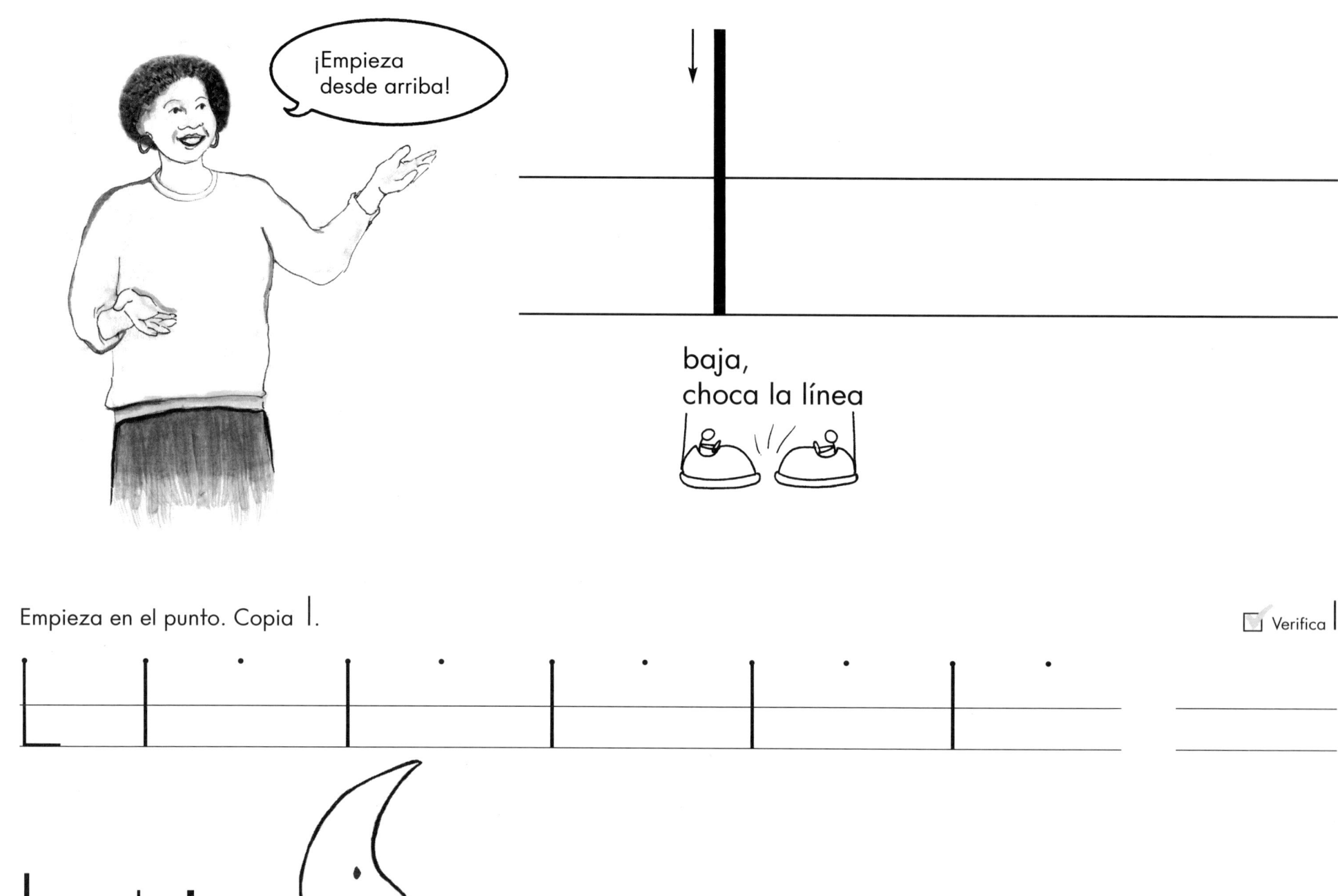

Empieza en el punto. Copia l. ☑ Verifica l

L es de luna.

Copia la L mayúscula.

Copia la l minúscula.

Copia las oraciones.

Polo lo colocó solo.

El oso Rollo lo volcó.

Verifica la oración

¡Empieza desde arriba!

Cómo cruzar una t:
Mano izquierda   Mano derecha

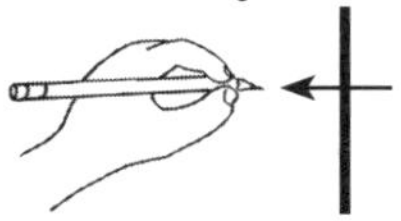

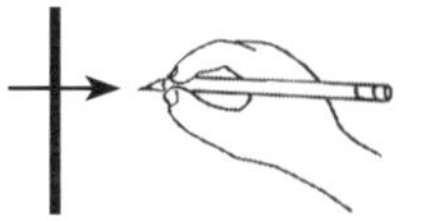

baja, choca la línea

cruza

Empieza en el punto. Copia t.

☑ Verifica t

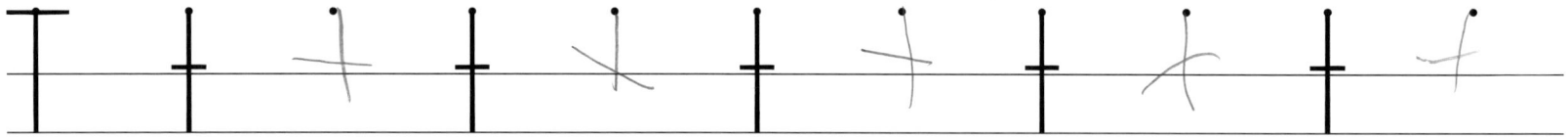

T es de **t**oma**t**e.

22 Mi Libro de Escribir Imprenta

© 2013 Handwriting Without Tears®

Copia la T mayúscula.　　　　　　　　　　　Copia la t minúscula.　　tacos

T　T　T　　　　　　　　　　　　　t　t　t

Copia las palabras.

soltó　　soltó　　　　soltó　　soltó

tostó　　tostó　　　　tostó　　tostó

voto　　voto　　　　voto　　voto

tosco　　tosco　　　　tosco　　tosco

costo　　costo　　　　costo　　costo

☑ Verifica costo

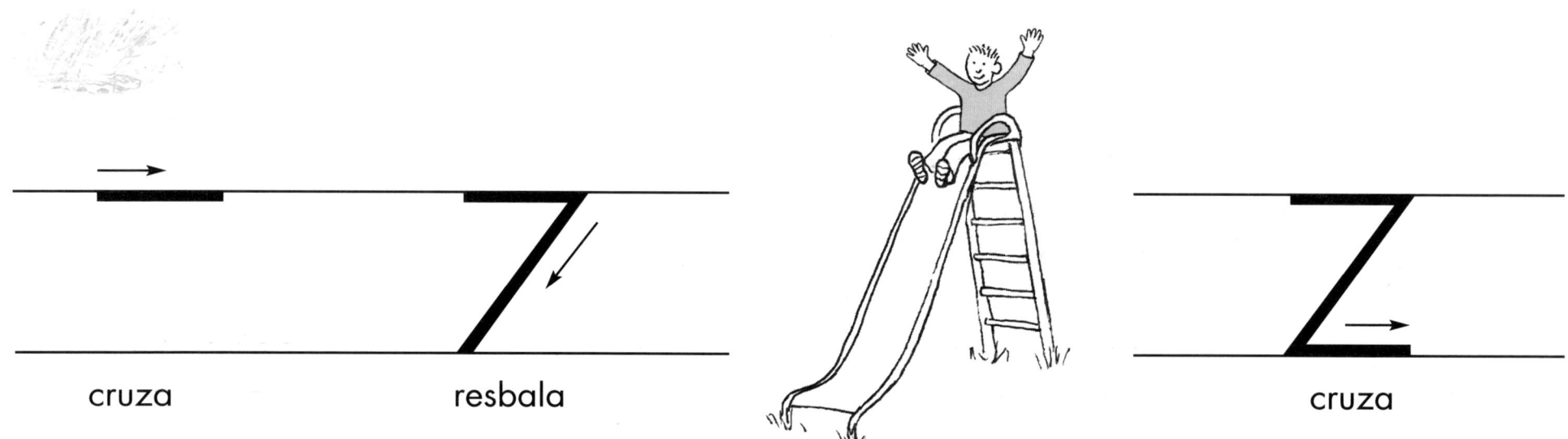

cruza   resbala   cruza

Empieza en el punto. Copia Z. ☑ Verifica Z

Z Z Z Z Z Z

Z es de **z**orro.

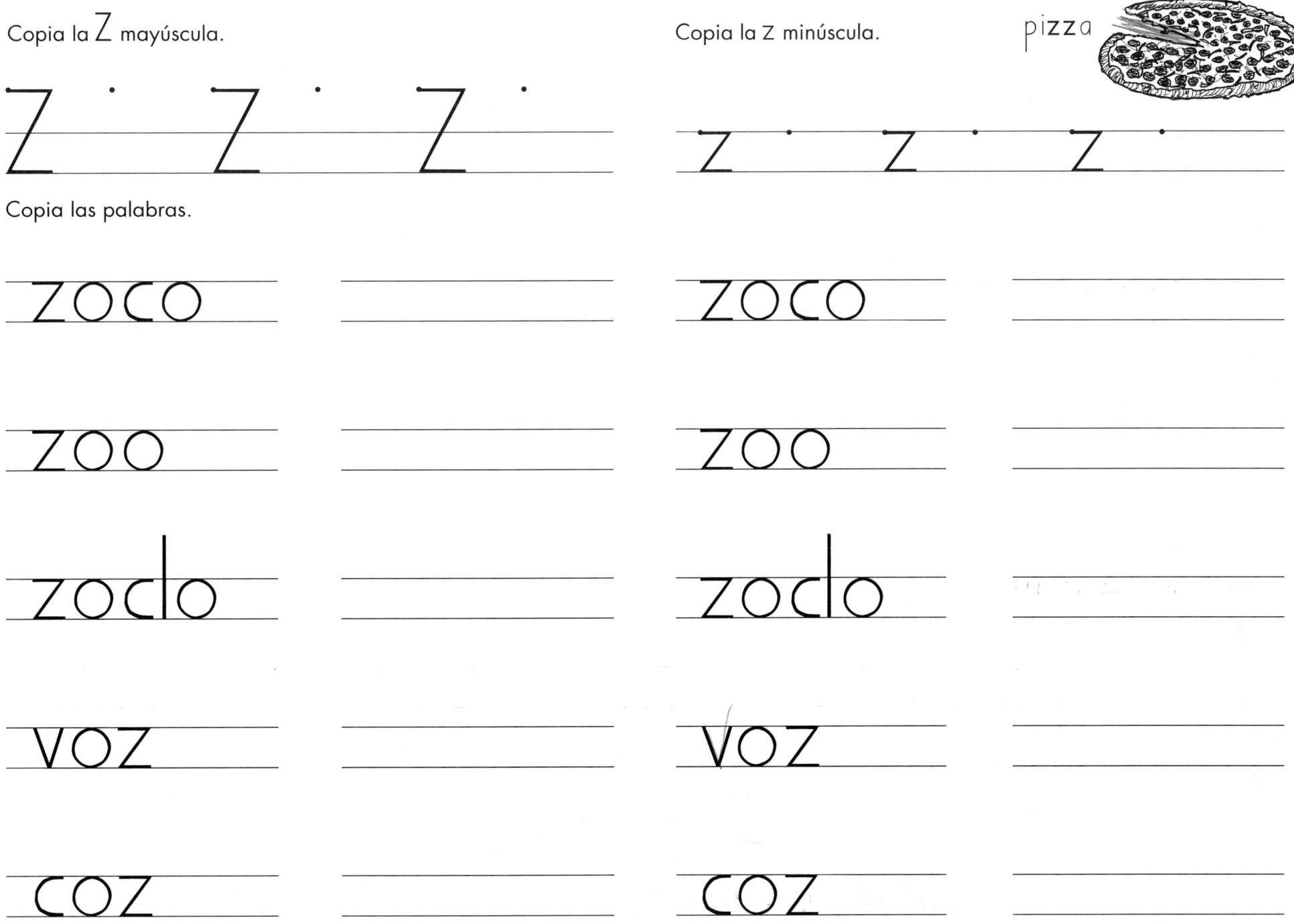

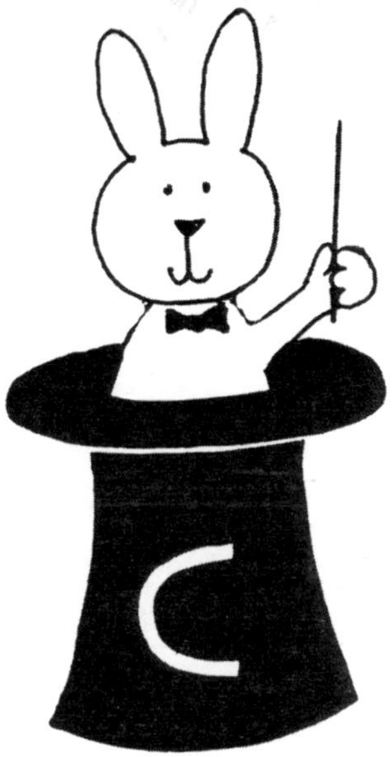

c Mágica   sube como un   choca   baja choca

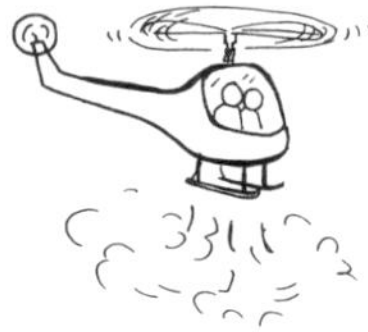

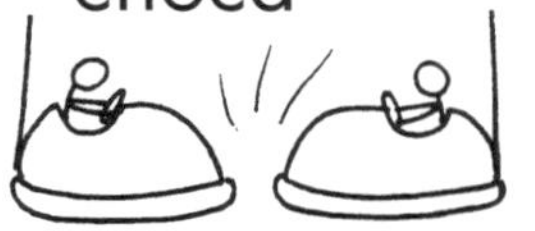

Empieza en el punto. Copia a y á.   ☐ Verifica a

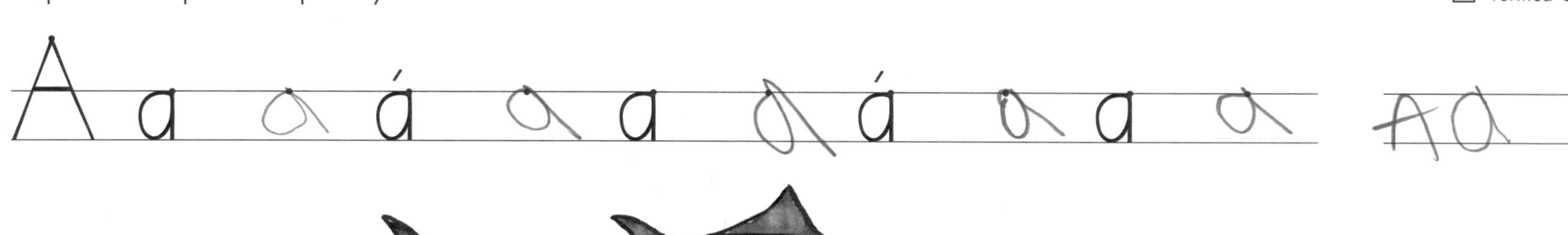

A es de **a**tún.

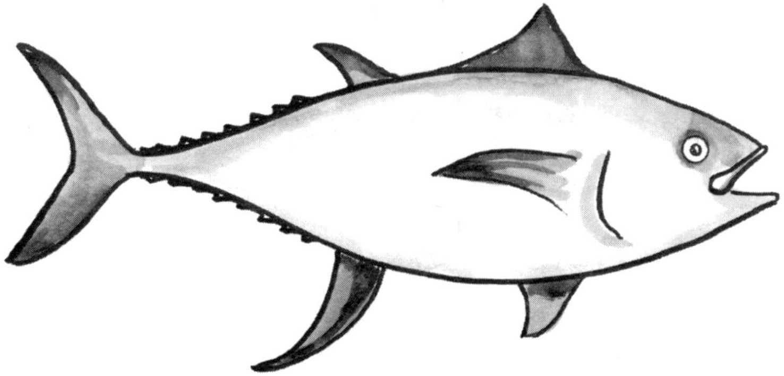

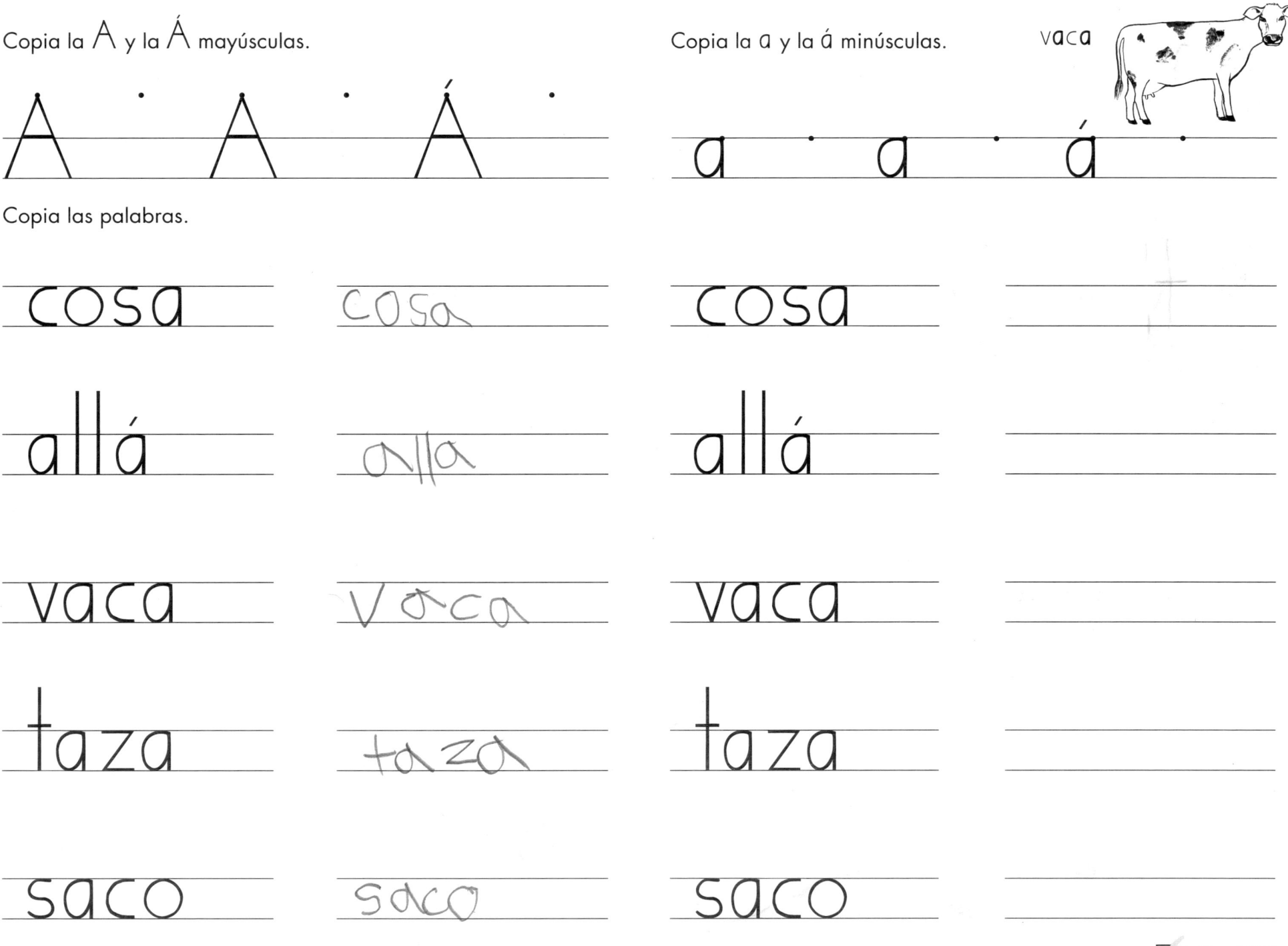

c   G   d   d

c Mágica   sube como un   sube más alto   baja choca

Empieza en el punto. Copia d.   ✓ Verifica d

D d · d · d · d · d ·

D es de **d**inosaurio.

Copia la D mayúscula.

D　　D　　D

Copia la d minúscula.

d　　d　　d

Copia las oraciones.

Waldo salta al lado.

Aldo soltó dos dados.

Verifica la oración

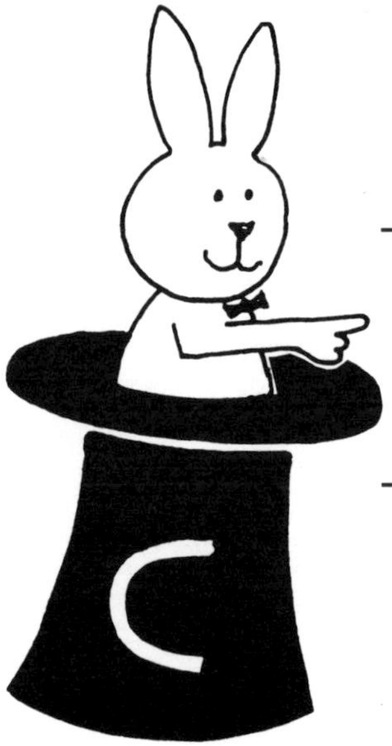

choca

c Mágica   sube como un   vuelve abajo   dobla

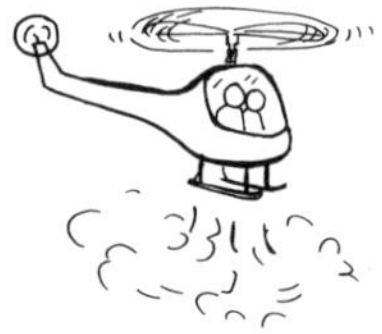

Empieza en el punto. Copia g.   ☑ Verifica g

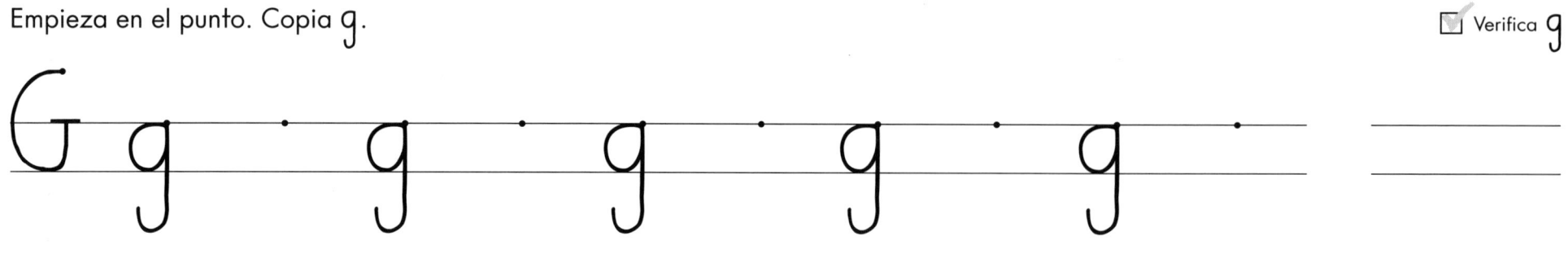

G es de **g**anso.

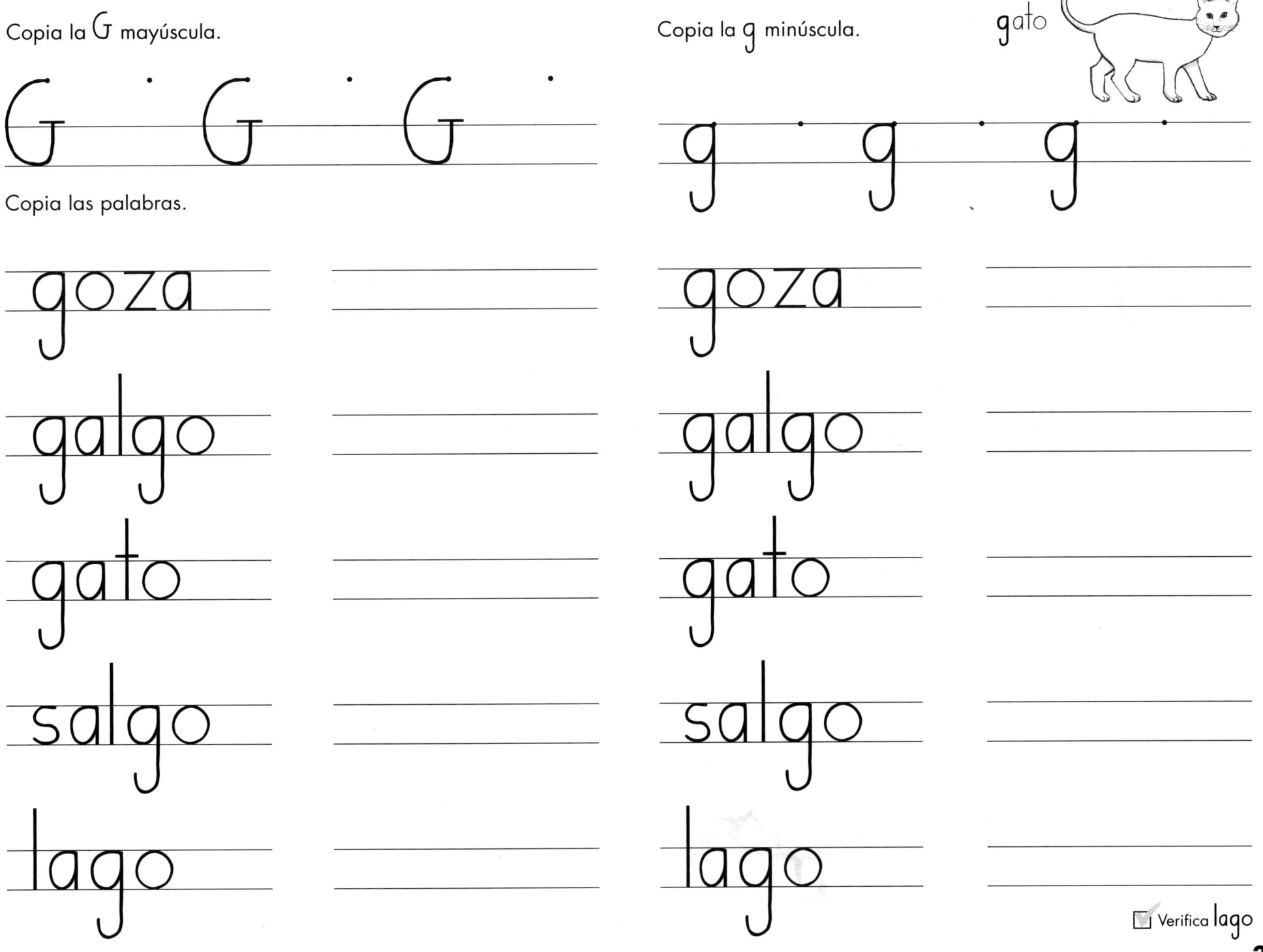

MISTERIO DE LAS LETRAS DE LA c MÁGICA

Empieza en el punto.
Repasa la C.
No levantes tu lápiz.
Espera la letra misteriosa.

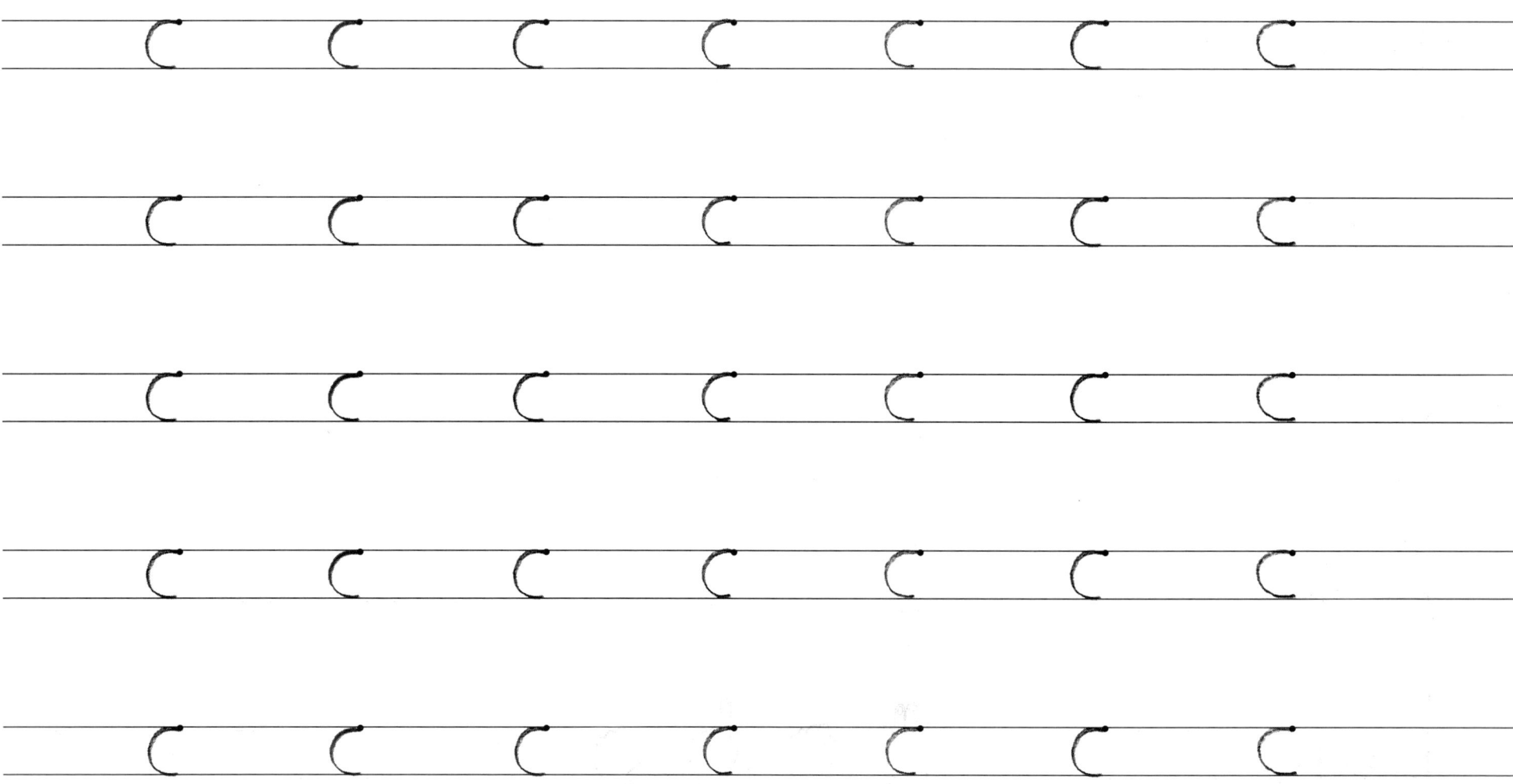

Convierte c en a–d–g–o.

TAMAÑO Y UBICACIÓN

Aa = pequeña   Gg = descendiendo   Tt = alta

Palabras

Tamaño y Ubicación de las Letras
Demuestra el tamaño y la ubicación con la mano.

Escribe
Copia las palabras.

gol

vaca

gota

Ada

Lalo

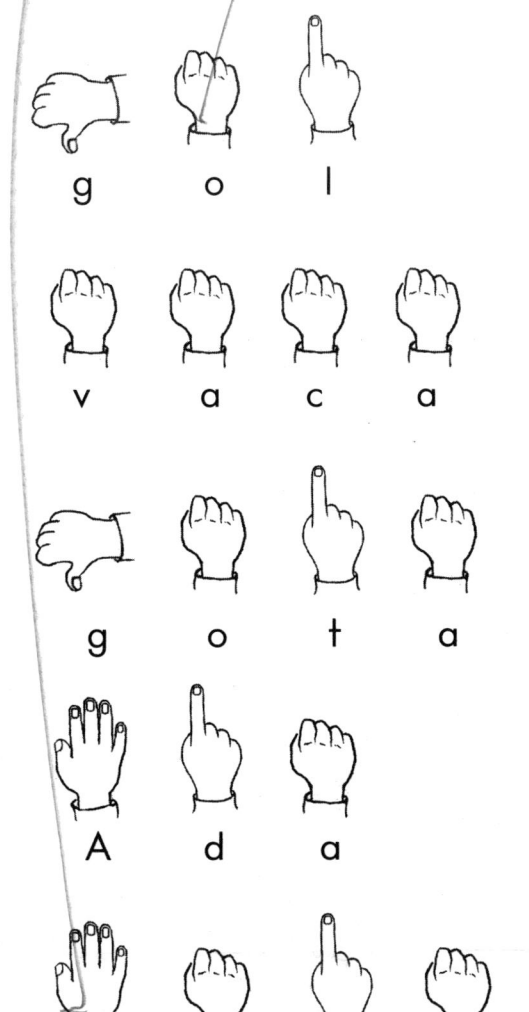

g o l

v a c a

g o t a

A d a

L a l o

¡Uy!
¡Ultra único!

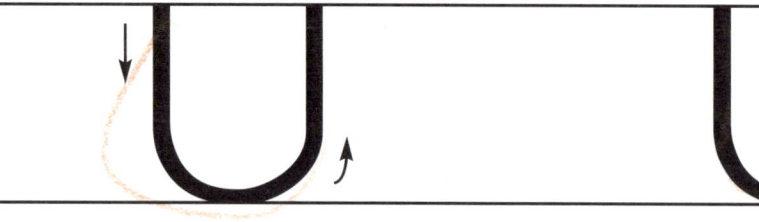

choca

baja, pasea, sube

baja
choca

Empieza en el punto. Copia U y ú.

☐ Verifica U

U es de **u**rraca.

Copia la U y la Ú mayúsculas.

U · U · Ú

Copia las palabras.

uva

agua

salud

azul

duda

Copia la u y ú minúsculas.   uvas

u · u · ú

uva

agua

salud

azul

duda

☐ Verifica duda

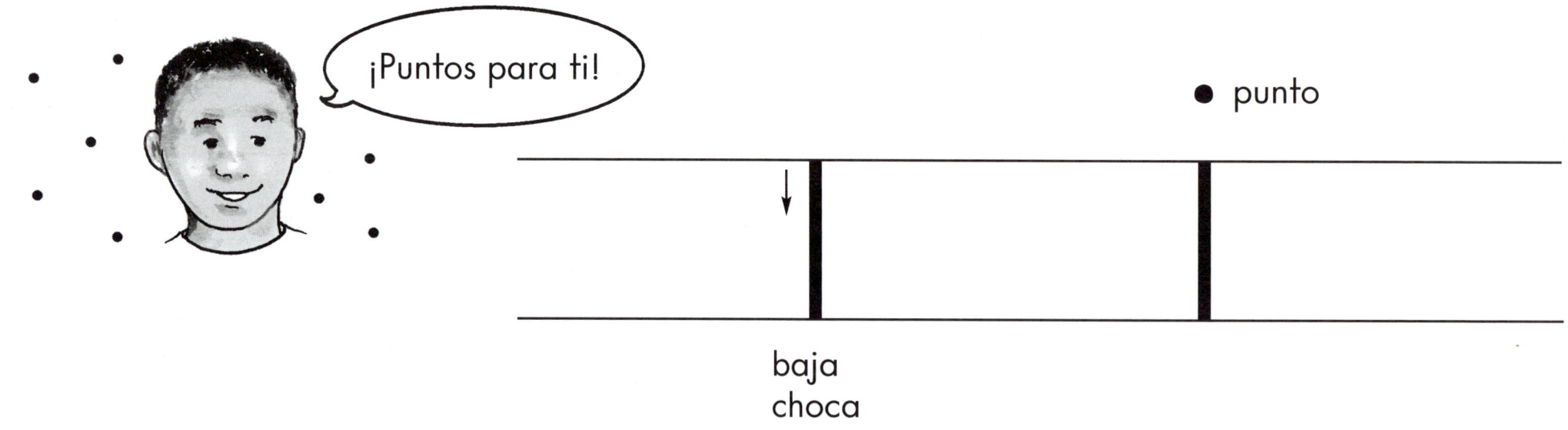

¡Puntos para ti!

• punto

baja
choca

Empieza en el punto. Copia i y í.

☑ Verifica i

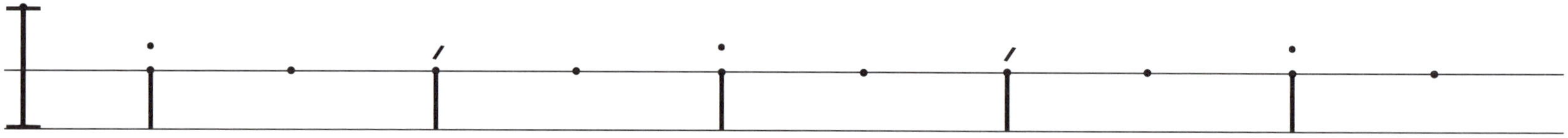

I es de iguana.

Copia la I y la Í mayúsculas.

Copia la i y la í minúsculas.

Copia las oraciones.

David vio las islas.

Dalia volvía a Hawaii.

Verifica la oración

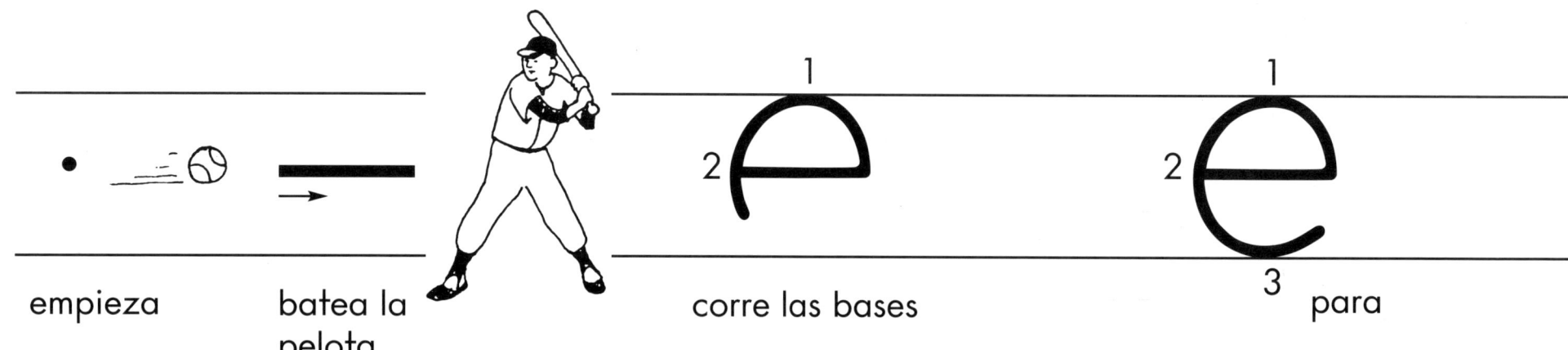

empieza | batea la pelota | corre las bases | para

Empieza en el punto. Copia e y é.   ☑ Verifica e

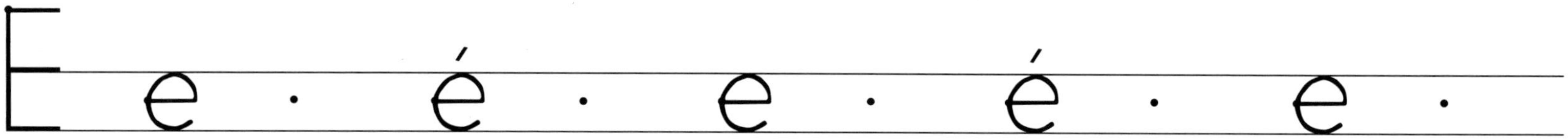

E e · é · e · é · e ·

E es de **ele**fant**e**.

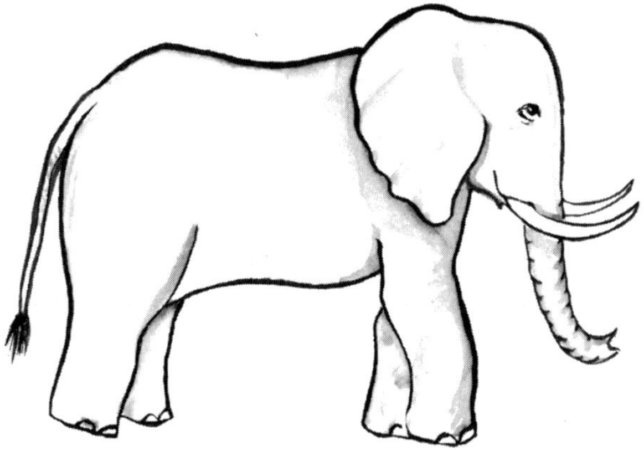

Copia la E y la É mayúsculas.

E · E · É ·

Copia la e y la é minúsculas.

e · e · é ·

llave

Copia las palabras.

eco

diez

desde

veces

llave

eco

diez

desde

veces

llave

✓ Verifica llave

RIMAS
Copia las palabras.

dos - dedos

ave - agave

_ - _

vela - escuela

silla - astilla

_ - _

PUNTUACIÓN

Copia los signos de puntuación.

. . . . ¿? ¿? ¿? ¿? ¡! ¡! ¡! ¡!

Puntos   Signos de interrogación   Signos de exclamación

Copia las oraciones en el renglón.

Celeste, ¿ves algo?   ¡Sí!

Veo dos tacos deliciosos.

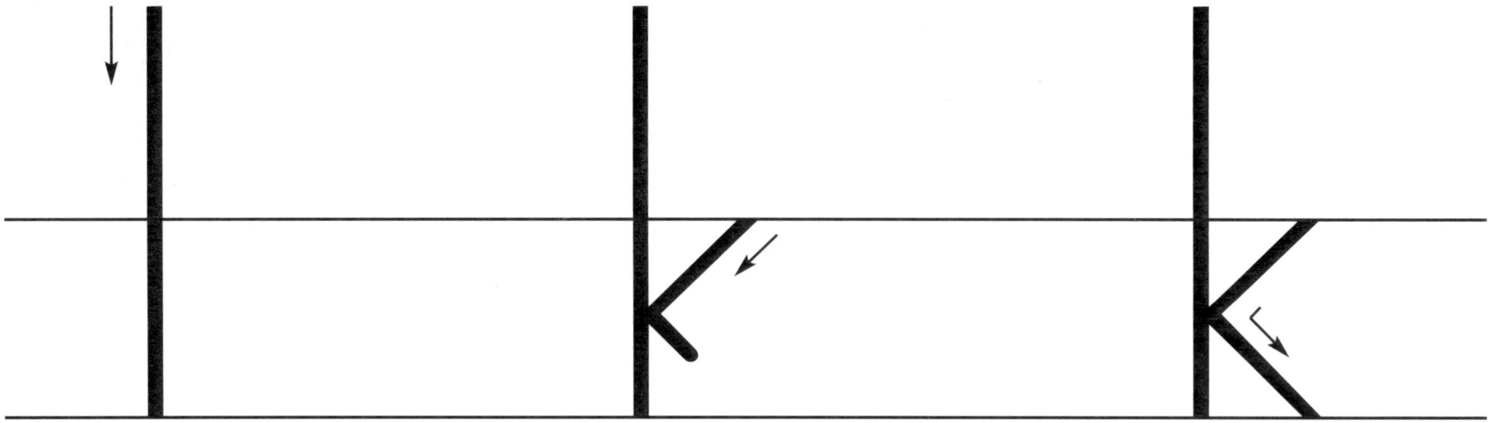

baja,
choca la línea

¡patea!

resbala

Empieza en el punto. Copia k. ☑ Verifica k

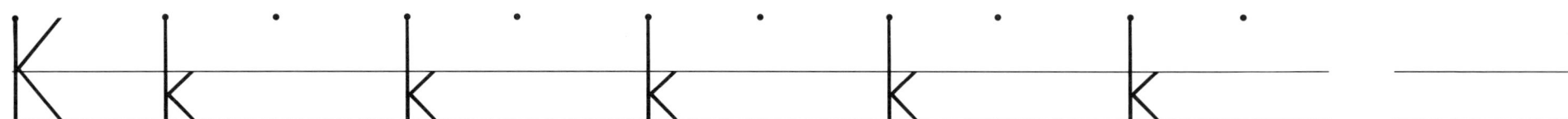

K es de **k**oala.

Copia la K mayúscula.   Copia la k minúscula.   kiwi

K   K   K   k   k   k

Copia las palabras.

kg   kg

kilo   kilo

kiwi   kiwi

Katia   Katia

kudu   kudu

✓ Verifica **kudu**

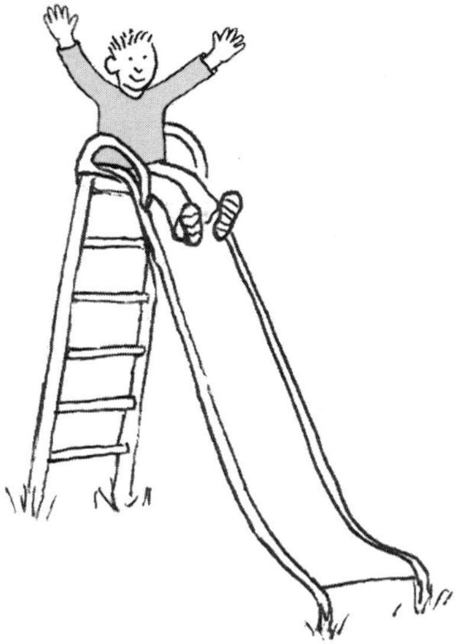

1

resbala

1 2

resbala

Empieza en el punto. Copia y.

Verifica y

y y y y y y

Y es de desa**y**uno.

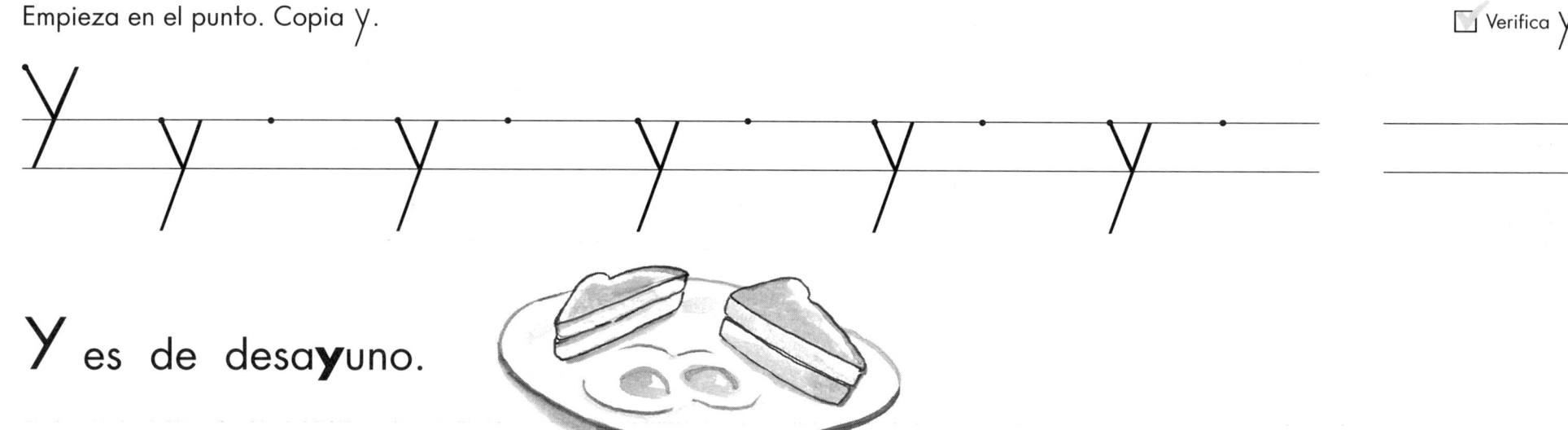

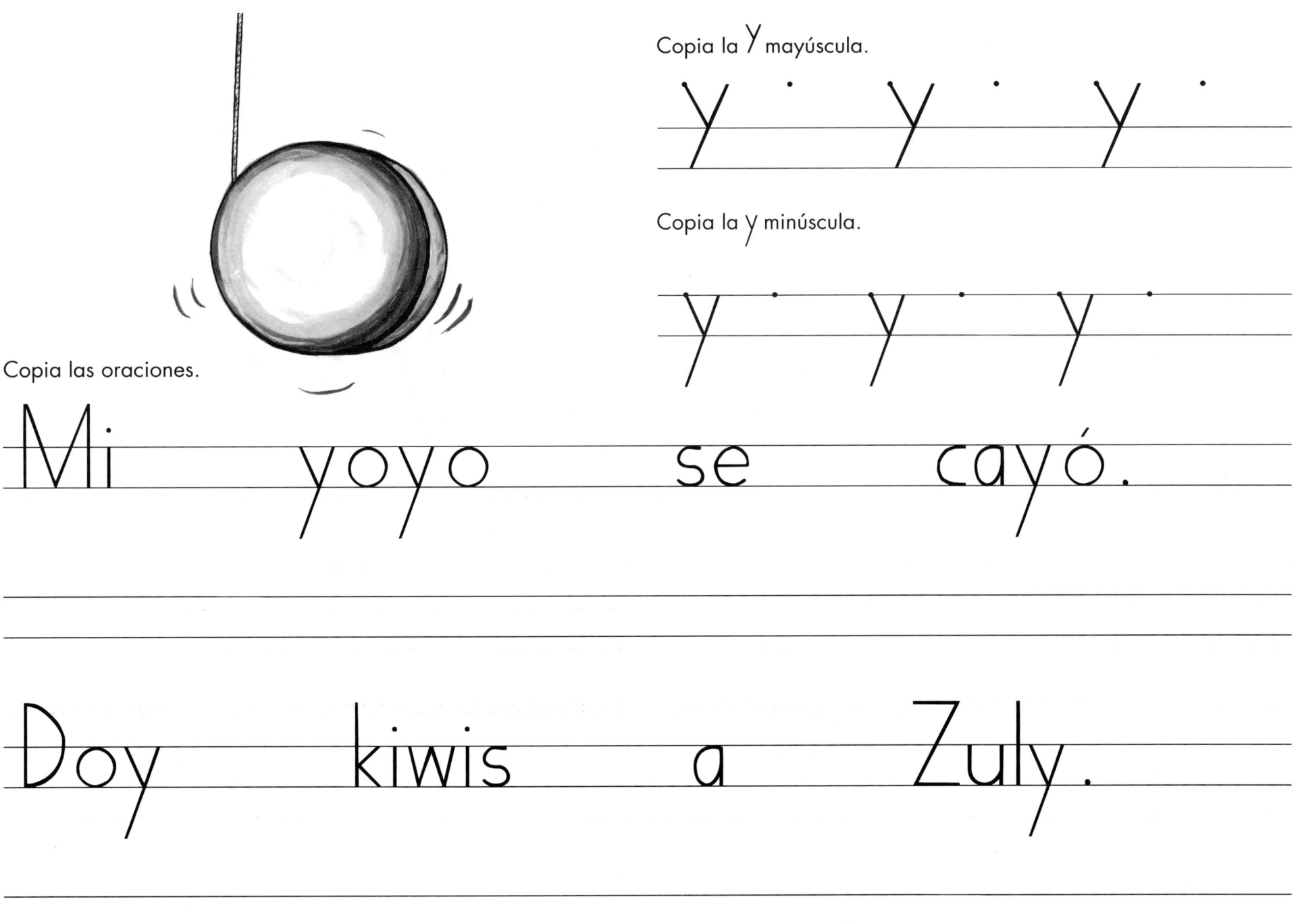

Copia la Y mayúscula.

Y　Y　Y

Copia la y minúscula.

y　y　y

Copia las oraciones.

Mi yoyo se cayó.

Doy kiwis a Zuly.

☑ Verifica la oración

¡Puntos para ti!

• punto

baja

dobla

Empieza en el punto. Copia j.

☑ Verifica j

J es de **j**abón.

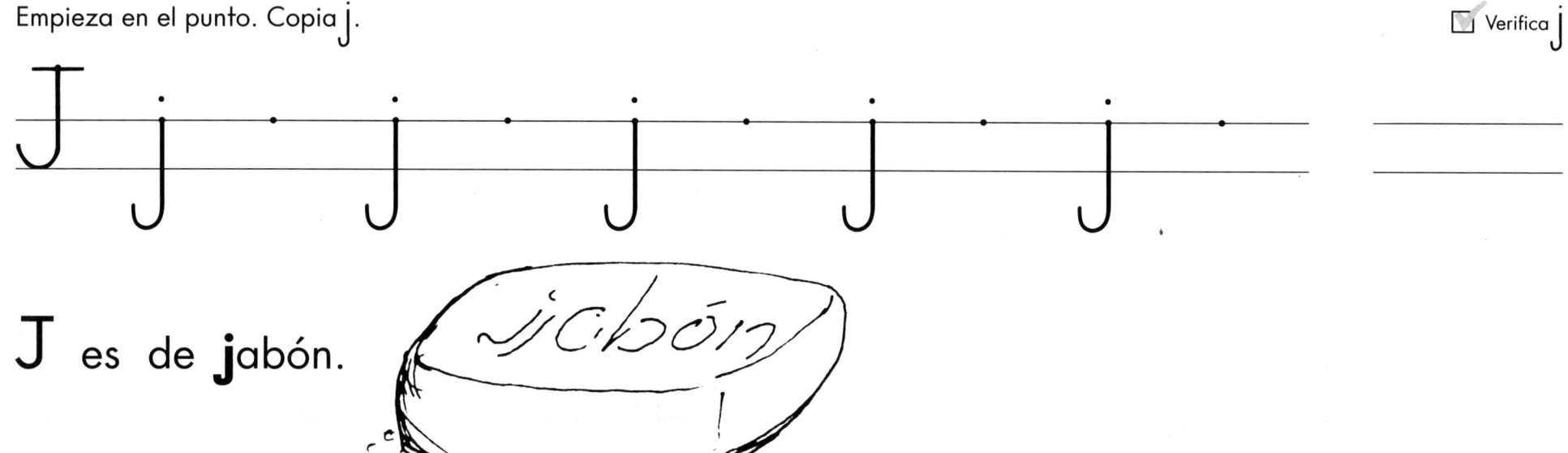

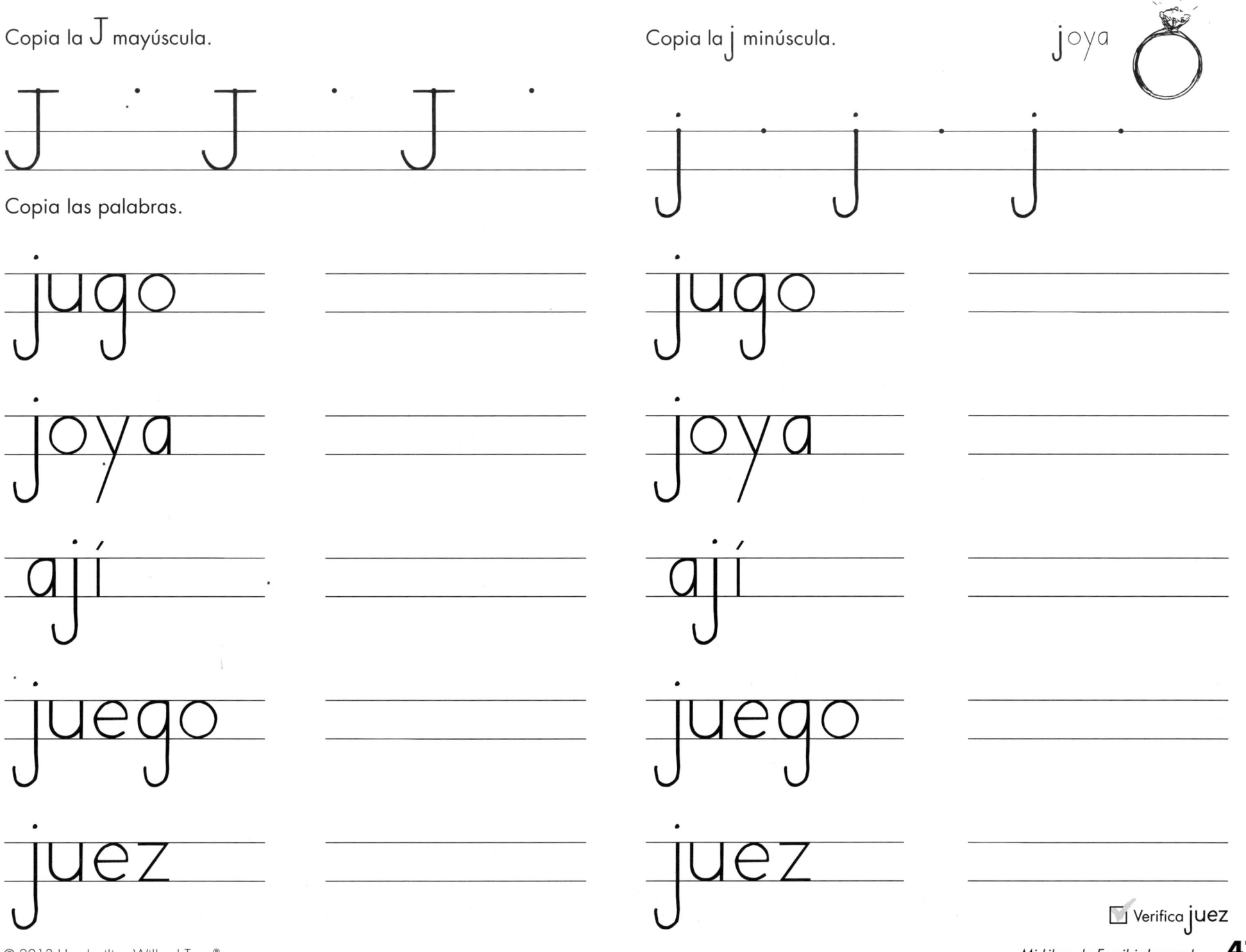

DELETREO DIVERTIDO CON LA c MÁGICA

Espera hasta que tu maestro deletree las palabras.
Copia las palabras entre las dos líneas.

Tu puedes hacer palabras con la C Mágica.
Repasa C y espera a tu maestro.

Espera hasta que tu maestro deletree las palabras. Copia las palabras entre las tres líneas.

Espera hasta que tu maestro deletree las palabras. Copia las palabras sobre una sola línea.

Mi Libro de Escribir Imprenta

LÍNEAS
Copia las palabras sobre la línea doble.

Eva vio dos gatos.

Copia la oración sobre la línea triple.

José vio dos aves.

Copia la oración sobre la línea.

Alejo ve dos ovejas.

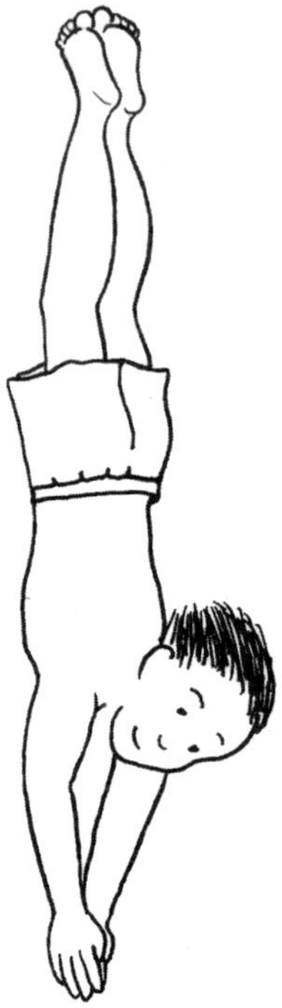

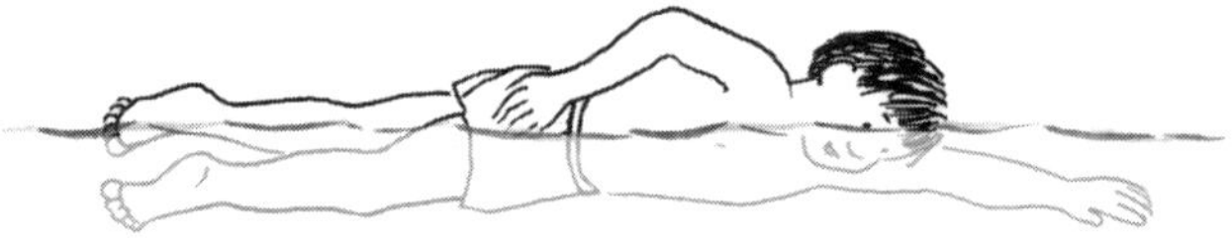

p

baja

sube y nada
por encima

vuelva
choca

Empieza en el punto. Copia p.

☐ Verifica p

p p p p p p

P es de **p**errítos.

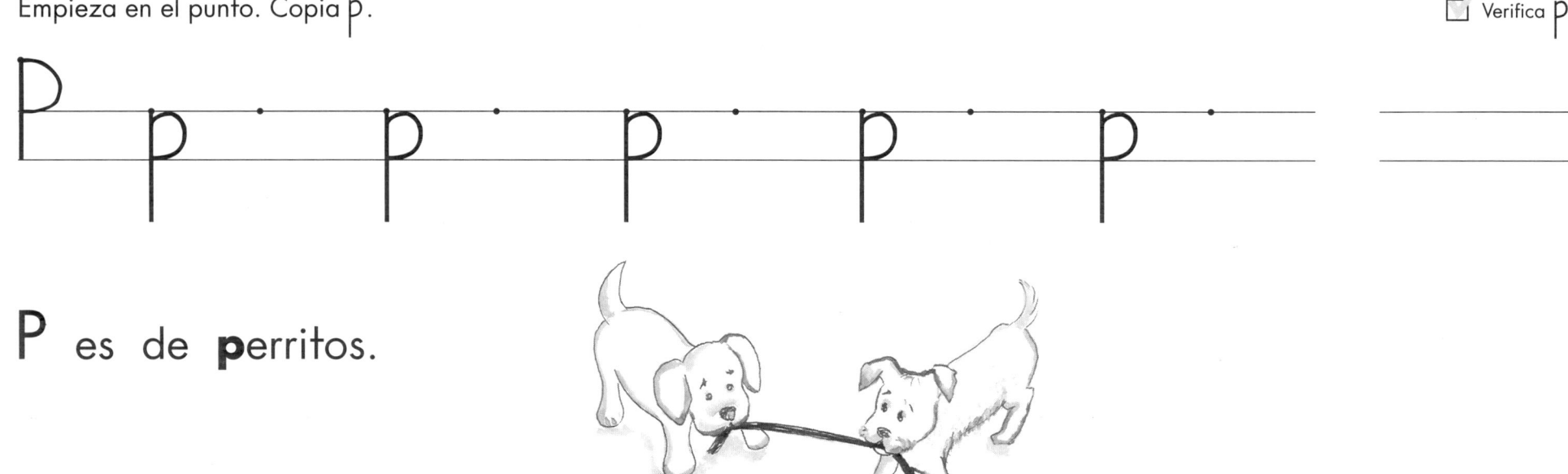

Copia la P mayúscula.

P   P   P

Copia la p minúscula.

p   p   p

Copia las oraciones.

Paco elije. Paco pide esa paleta. Paco la paga.

Verifica la oración

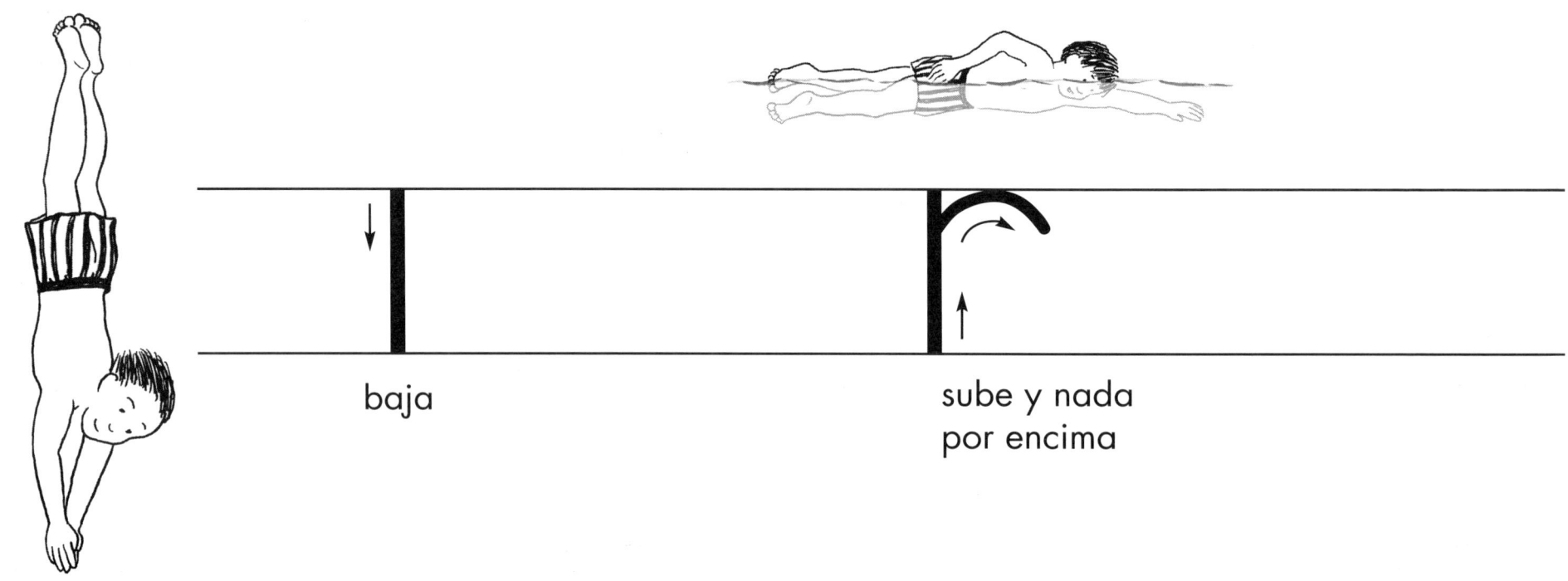

Empieza en el punto. Copia r. ☑ Verifica r

R r r r r r r

R es de rana.

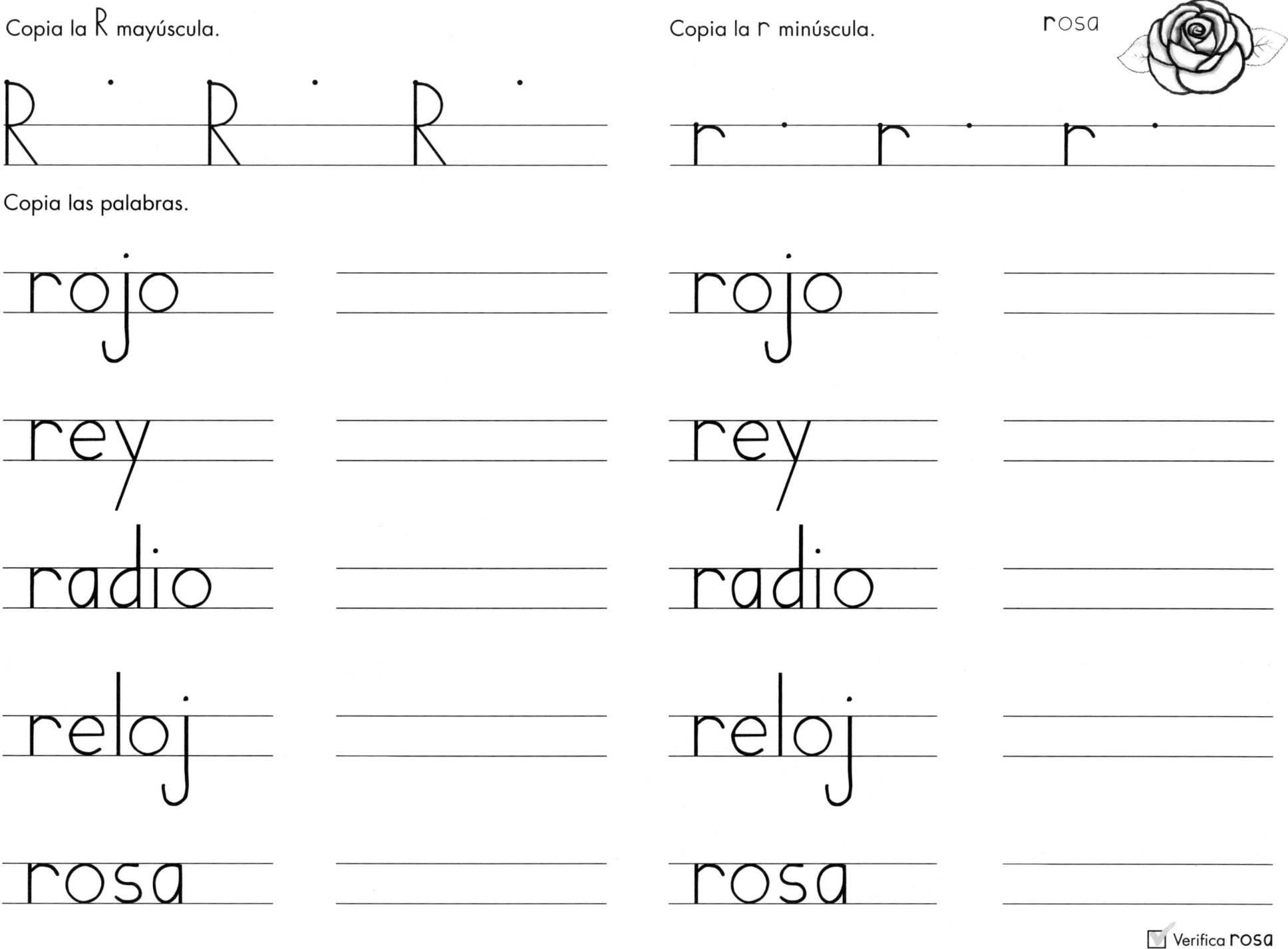

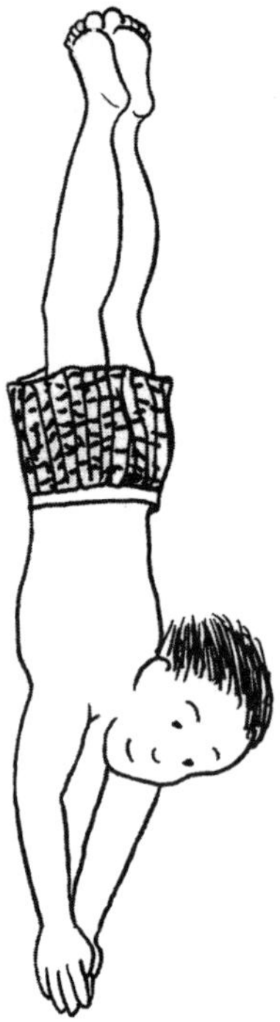

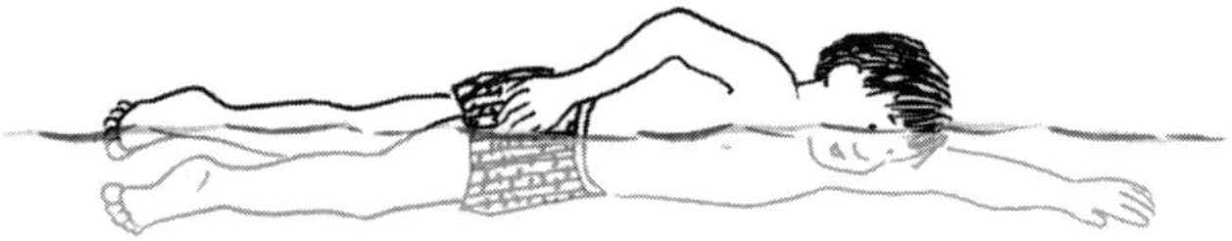

n	r	n	ñ
baja	sube y nada por encima	baja (n tiene un lomo)	ponle el sombrero para formar la ñ

Empieza en el punto. Copia n y ñ. ☑ Verifica n

N n ñ n ñ n

N es de **n**ieve.

Copia la N y la Ñ mayúsculas.

N   N   Ñ

Copia la n y la ñ minúsculas.

n   n   ñ

Copia la oración.

Niki es un payaso cantor.

Corre y alegra a los niños.

☑ Verifica la oración

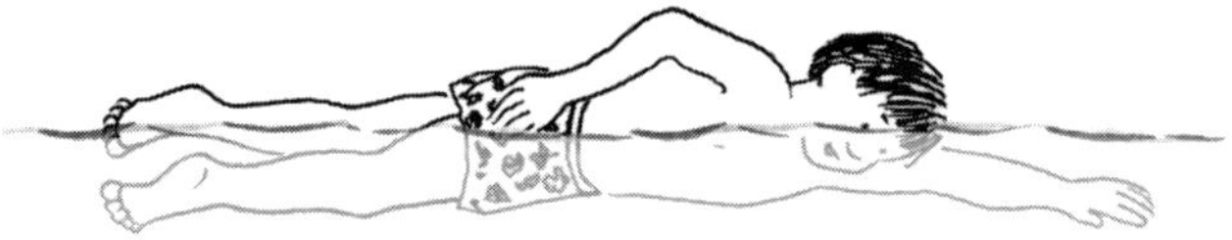

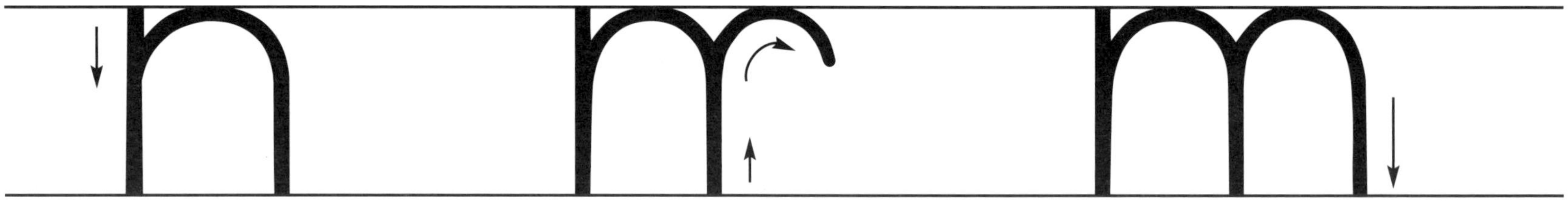

n   m   m

empieza
con la n

sube y nada
por encima

baja
(m tiene dos lomos)

Empieza en el punto. Copia m. ☑ Verifica m

M m   m   m   m

M es de **m**ariposa.

Copia la M mayúscula.

M M M

Copia la m minúscula.

m m m

monito

Copia las palabras.

maíz

mamá

mesa

masa

mona

maíz

mamá

mesa

masa

mona

☑ Verifica mona

PALABRAS HOMÓNIMAS
Encuentra y escribe las palabras homónimas.

| malla | sien | cayó | arrollo | masa | cocer |
| haya | caza | errar | seda | ora | rayar |

1. maya -
2. cien -
3. callo -
4. arroyo -
5. maza -
6. coser -
7. halla -
8. casa -
9. herrar -
10. ceda -
11. hora -
12. rallar -

PÁRRAFO

Saturno, Urano y

Neptuno están lejos.

Venus está más cerca.

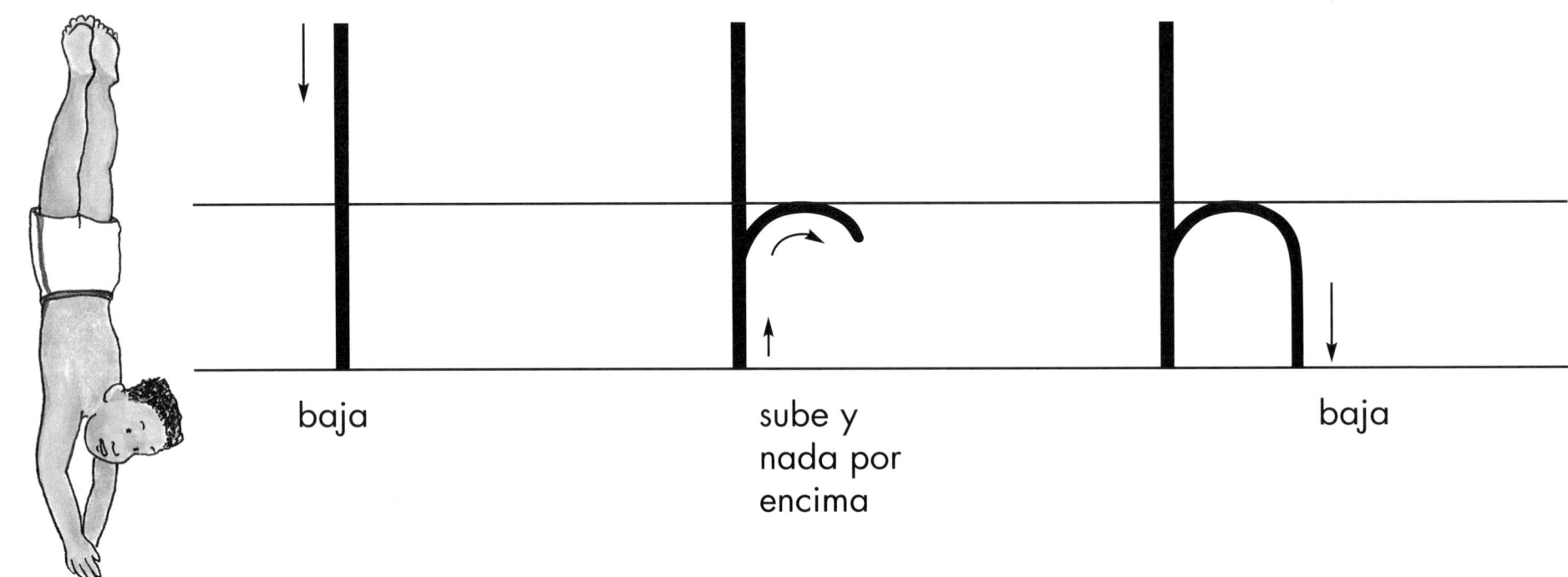

baja

sube y
nada por
encima

baja

Empieza en el punto. Copia h. ☑ Verifica h

H h h h h

H es de **h**oja.

Dibuja el pelo.

Copia la H mayúscula.

Copia la h minúscula.

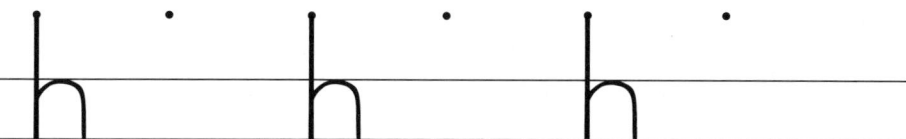

Copia las oraciones.

Lola hizo una hermosa

trenza en su pelo. ¡Hurra!

☑ Verifica la oración

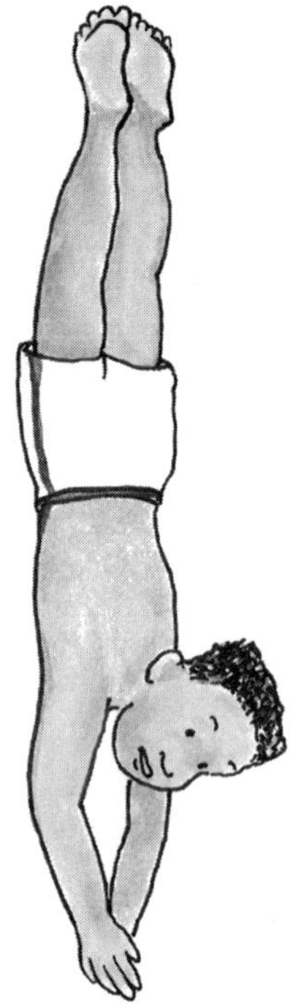

| baja | sube y nada por encima | vuelve y choca |

Empieza en el punto. Copia b. ☑ Verifica b

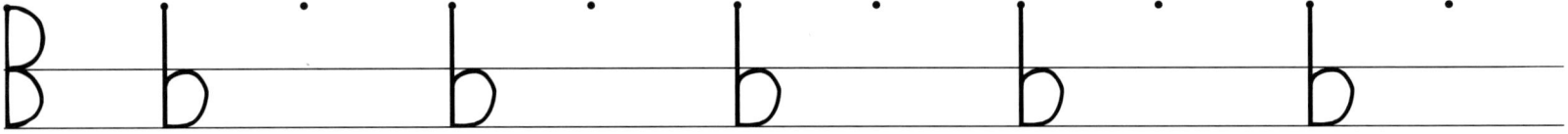

B es de **b**úho.

Copia la B mayúscula.   Copia la b minúscula.   bebé

B B B   b b b

Copia las palabras.

boca   boca

baño   baño

bola   bola

bebé   bebé

bote   bote

Verifica bote

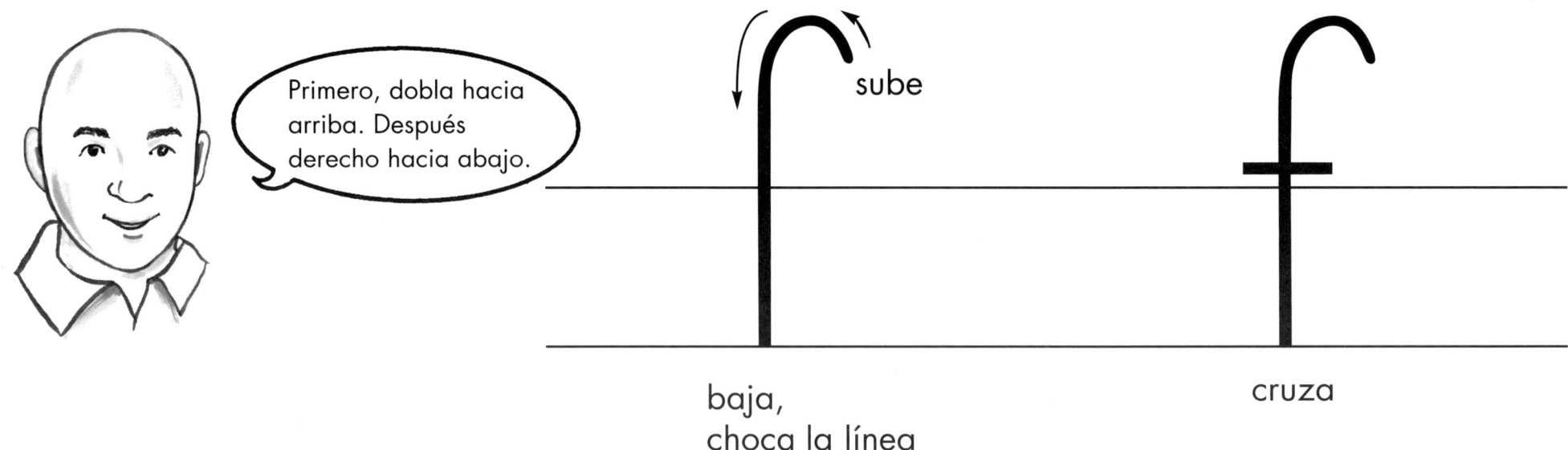

Primero, dobla hacia arriba. Después derecho hacia abajo.

sube

baja, choca la línea

cruza

Empieza en el punto. Copia f.

☐ Verifica f

F es de flor.

Copia la F mayúscula.

F   F   F

Copia la f minúscula.

f   f   f

Copia las oraciones.

Adolfo trabaja afuera.

Fue a la fábrica.

Verifica la oración

choca

c a q q

c Mágica   sube como un   baja

dobla en u

Empieza en el punto. Copia q. ☐ Verifica q

Q q q q q q

Q es de **q**ueso.

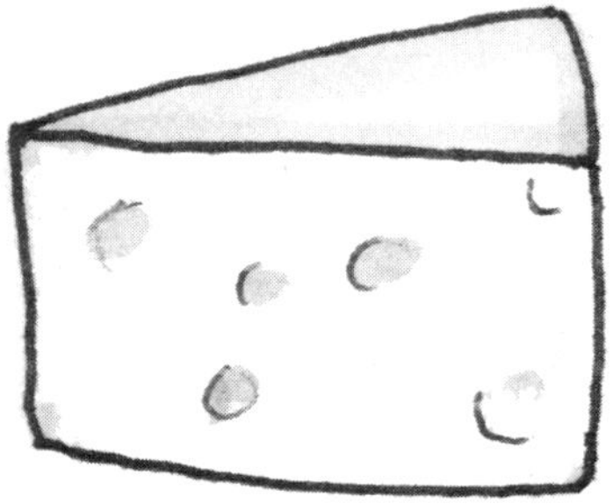

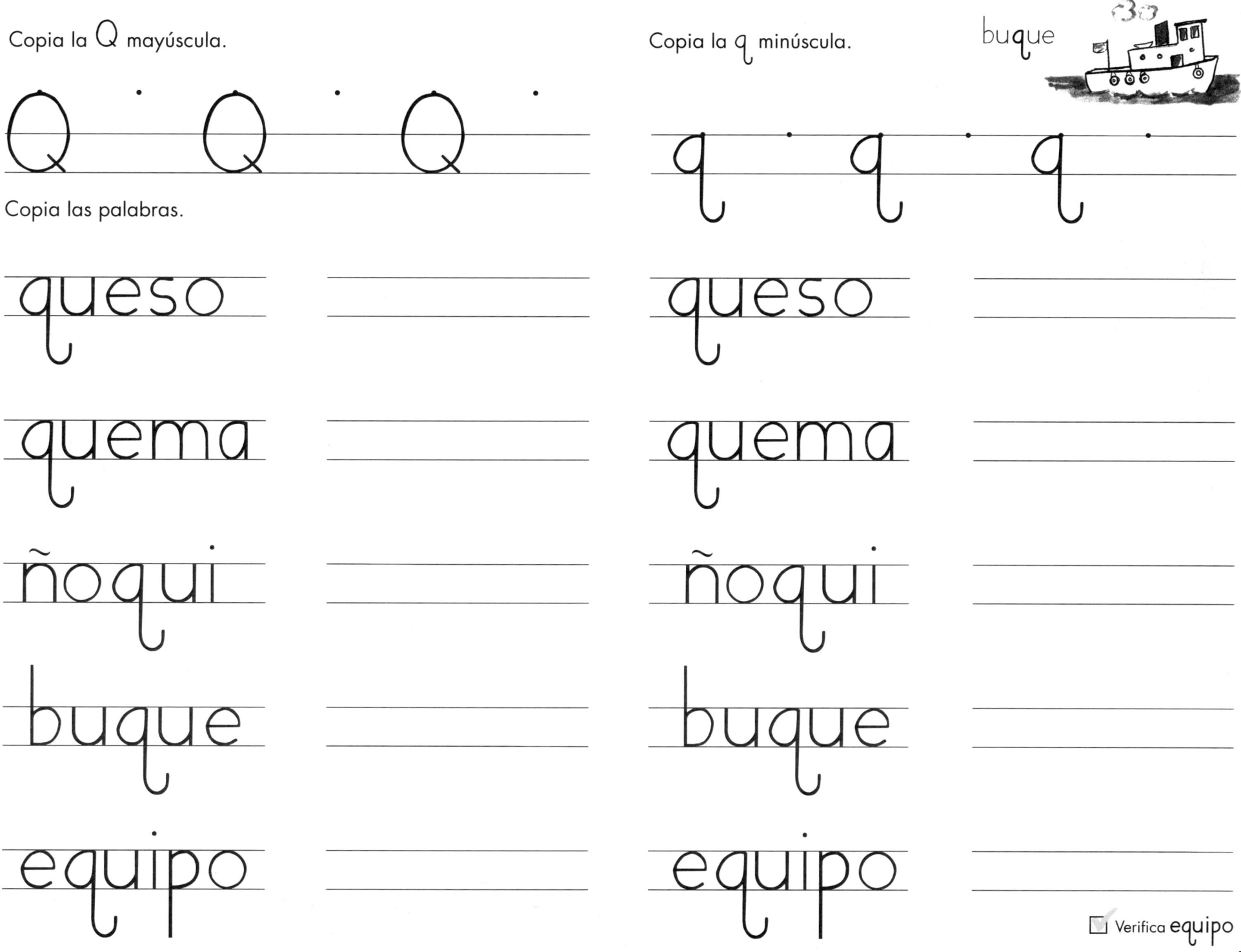

POEMA

Lobo Feroz

Uno, dos y atroz.

Dijo el cerdito veloz.

¡Adiós lobo feroz!

Aprendo Rimas

¿Qué rima con ver?

Querer, leer, hacer.

Digo: ¡Voy a aprender!

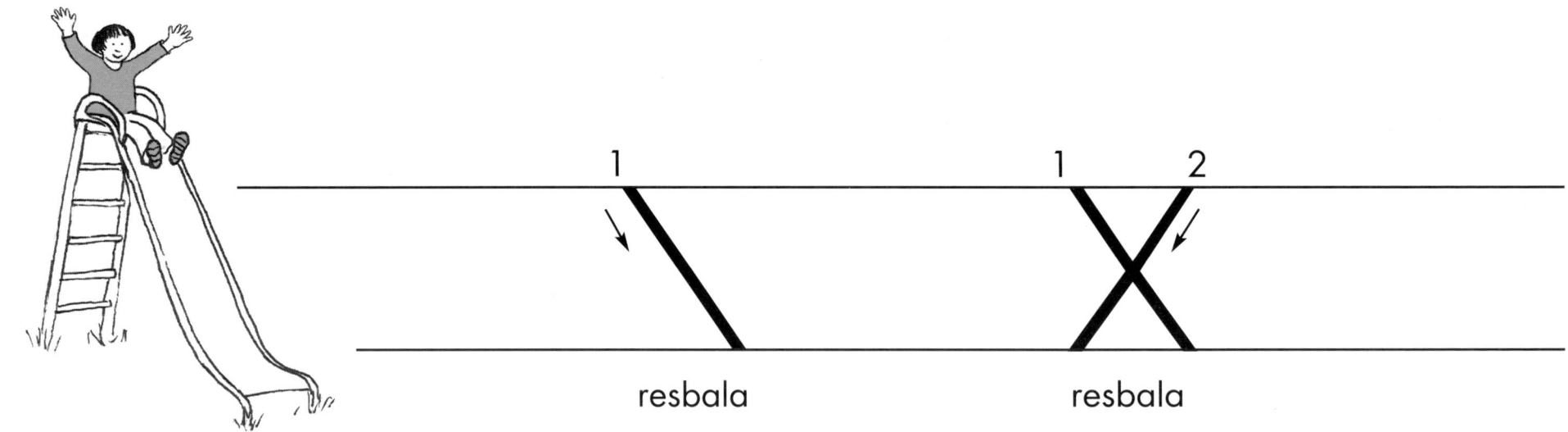

Empieza en el punto. Copia X. ☑ Verifica X

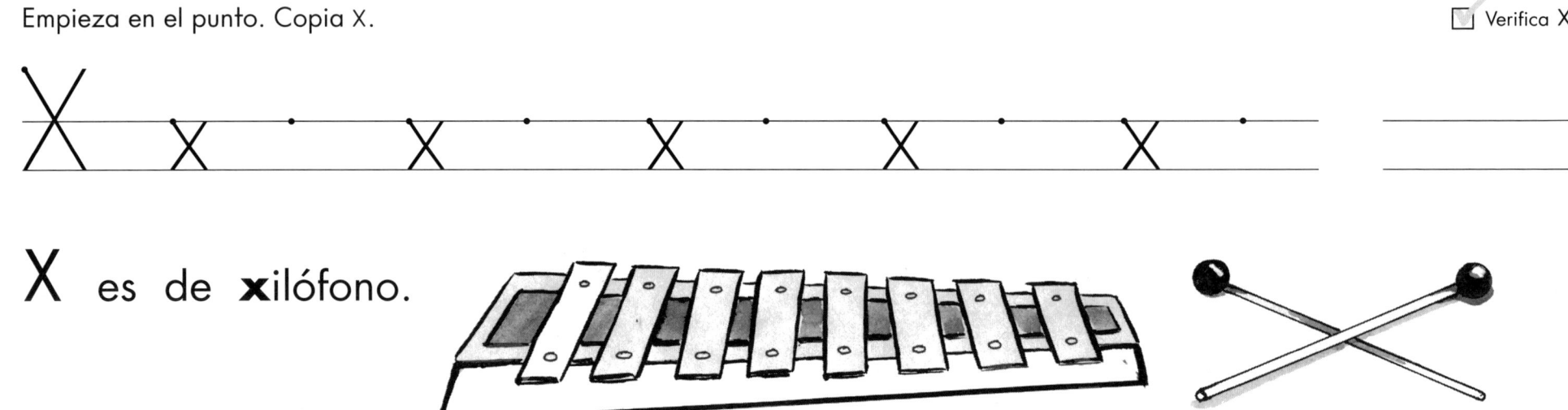

X es de **x**ilófono.

Copia la X mayúscula.

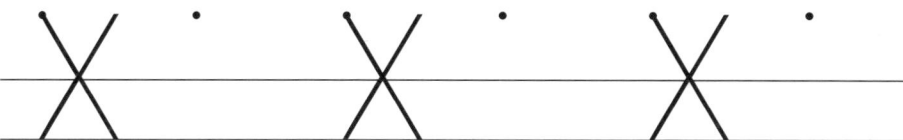

Copia la x minúscula.

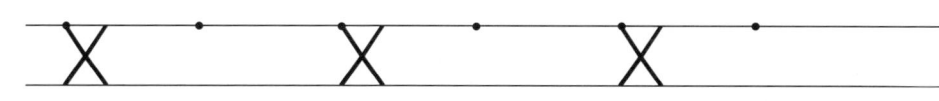

Copia las oraciones.

Mateo exhibe el texto.

Alexa auxilia a Félix.

☑ Verifica la oración

MESES
Copia los meses.

enero

febrero

marzo

abril

mayo

junio

MESES
Copia los meses.

julio

agosto

septiembre

octubre

noviembre

diciembre

PREPOSICIONES

detrás del sillón.
sobre el sillón.
en el sillón.
contra el sillón.
abajo del sillón.

Mira el dibujo. Termina cada oración.

La niña está

El ave está

La bola está

La mesa está

El libro está

PÁRRAFO

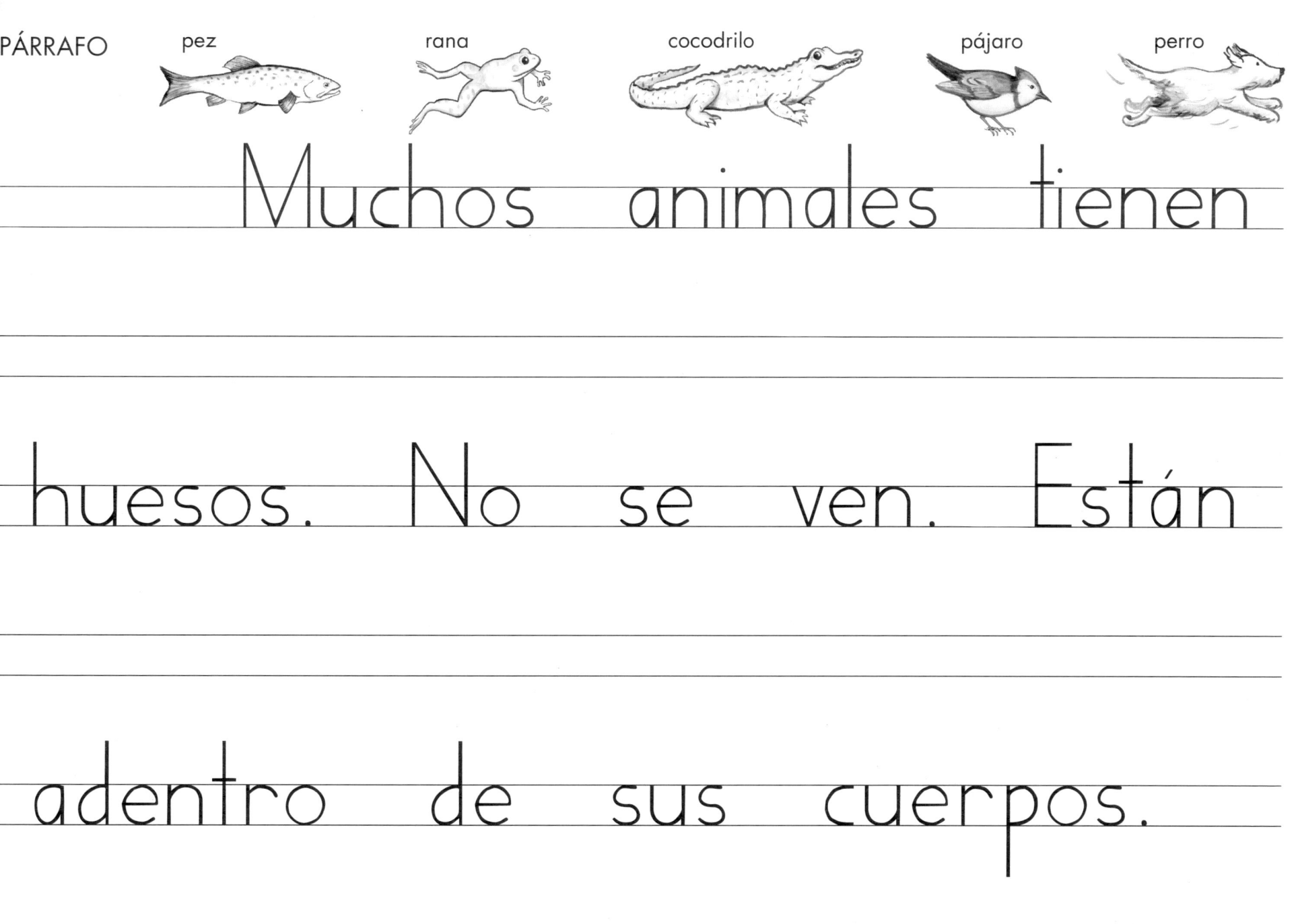

Muchos animales tienen huesos. No se ven. Están adentro de sus cuerpos.

PALABRAS COMPUESTAS

Llena los espacios haciendo palabras compuestas.

posa + 🥛 = _ _ _ _ v _ _ _

coli + 🌺 = _ _ _ _ f _ _ _

tel + 🕷 = _ _ _ a _ _ _ _

baja + 🐚 = _ _ _ _ _ m _ _

punta + 🦶 = _ _ _ _ _ p _ _

Nota: puntapié

PÁRRAFO   saltamontes   libélula   mamboretá   zapatero

Los insectos vuelan,

saltan, trepan y algunos

caminan por el agua.

LÍNEAS

Copia las palabras sobre la línea doble.

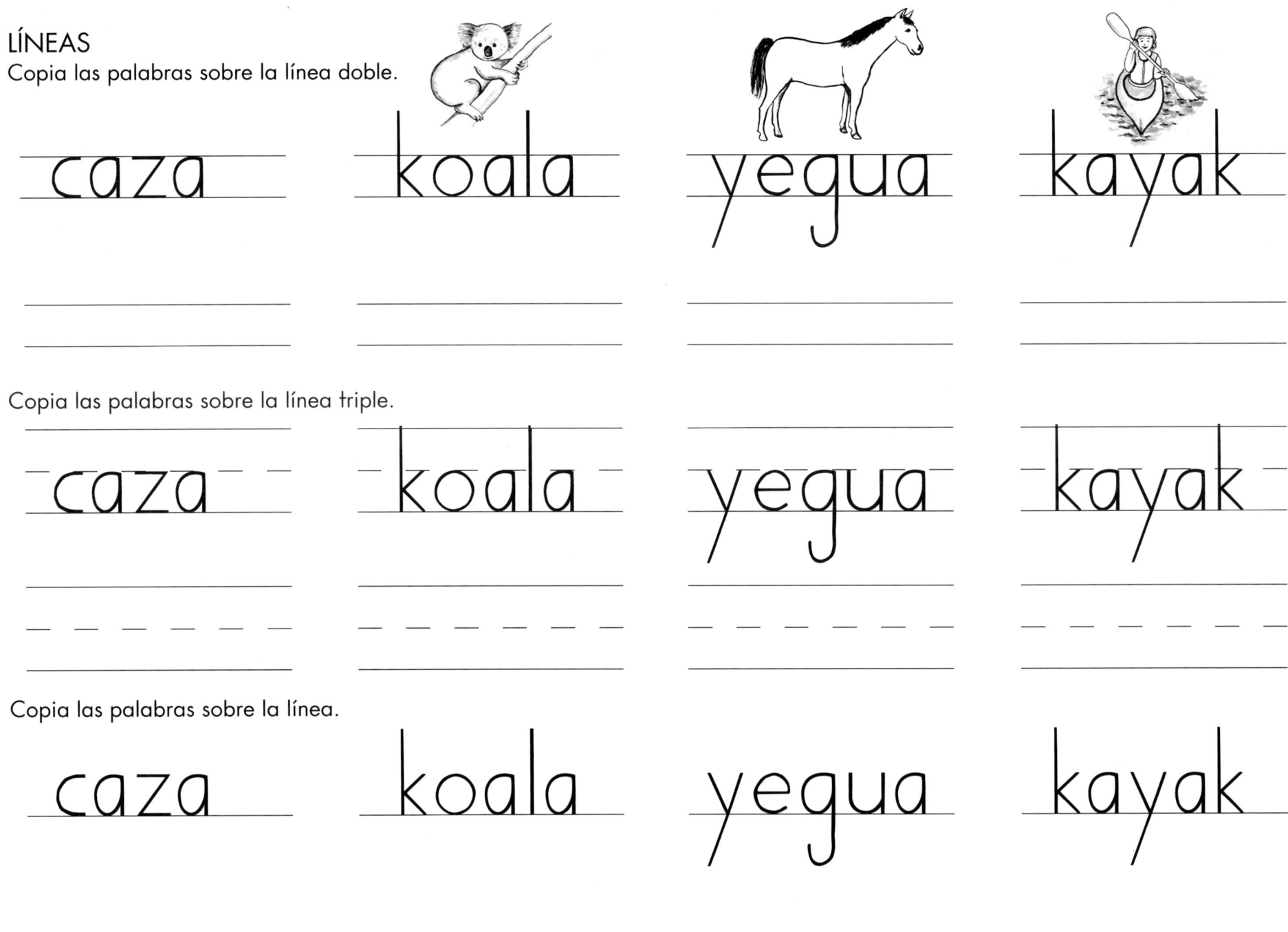

caza   koala   yegua   kayak

Copia las palabras sobre la línea triple.

caza   koala   yegua   kayak

Copia las palabras sobre la línea.

caza   koala   yegua   kayak

MAYÚSCULAS – SOBRE MÍ
Termina las oraciones personales.

Mis iniciales son ___. ___. ___.

Mi nombre es

Mi amigo es

Mi barrio es

Mi ciudad es

Mi país es

CONSTRUYE ORACIONES

| ~~cerdo~~ | perro | tortuga | pato | caracol |
| ~~primero~~ | segundo | tercera | cuarto | quinto |

Pon los animalitos en orden.

El cerdo va primero.

El _____ va _____

La _____ va _____

El _____ va _____

El _____ va _____

APRENDE LOS NÚMEROS

Con la pizarra de HWT—"Mojar-Secar-Intentar"

Maestro

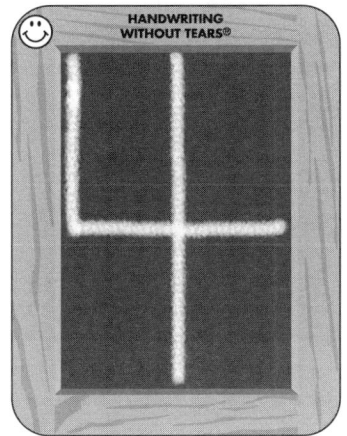

El maestro muestra la manera correcta de formar el número.

Alumno

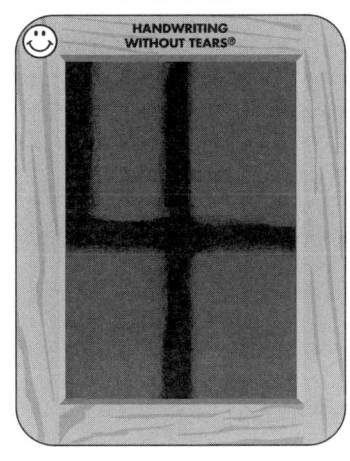

MOJAR
- Moja el trocito de esponja.
- Apriétala para quitarle el agua.
- Repasa el número con la esponja húmeda.
- Ahora moja el dedo índice y repasa el número otra vez.

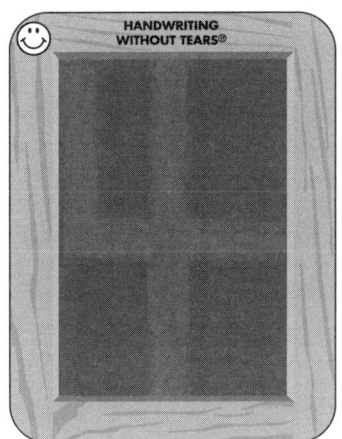

SECAR
- Arruga un trocito de toalla de papel.
- Seca el número unas pocas veces.
- Sécalo soplando con cuidado.

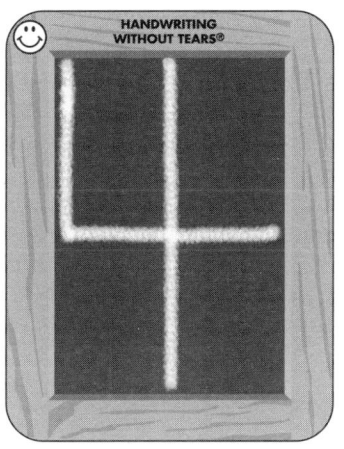

INTENTAR
- Toma un trocito de tiza.
- Úsalo para escribir el número.

Números con los Bloques Grises

Los Bloques Grises son cuadrados que simulan las pizarras de HWT. En las páginas que siguen, escribe los números en Bloques Grises. Sigue las instrucciones de tu maestro.

 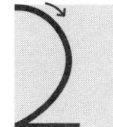  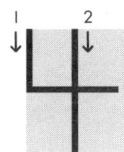 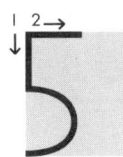 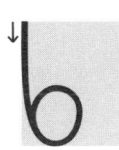    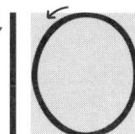

LÍNEA GRANDE

Yo puedo escribir I.  Verifica I

Yo puedo contar hasta I.

corredor número uno

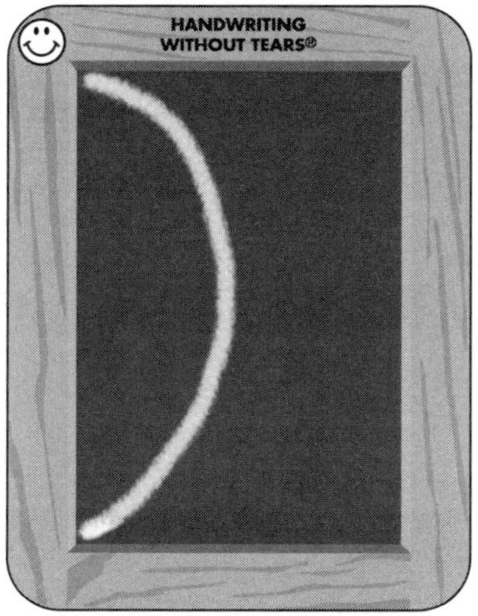

CURVA GRANDE 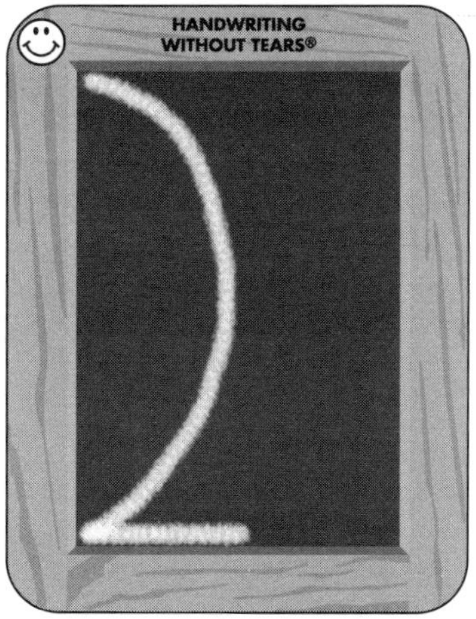 + LÍNEA PEQUEÑA

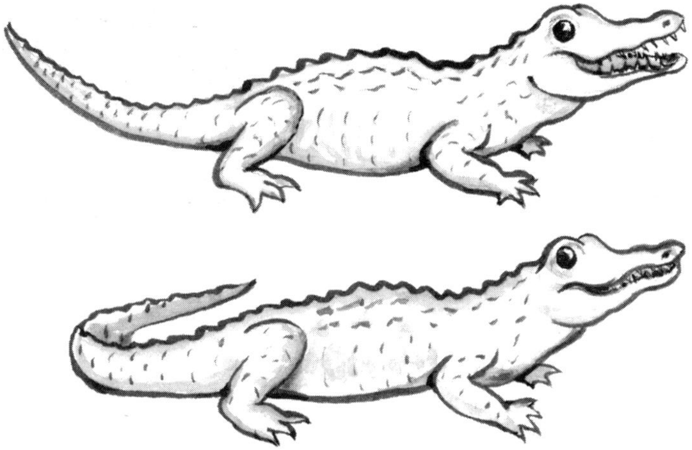

dos cocodrilos

Yo puedo escribir 2.   ✓ Verifica 2

Yo puedo contar hasta 2.

CURVA PEQUEÑA   + CURVA PEQUEÑA   **tres triángulos**

Yo puedo escribir 3.   ☑ Verifica 3

Yo puedo contar hasta 3.

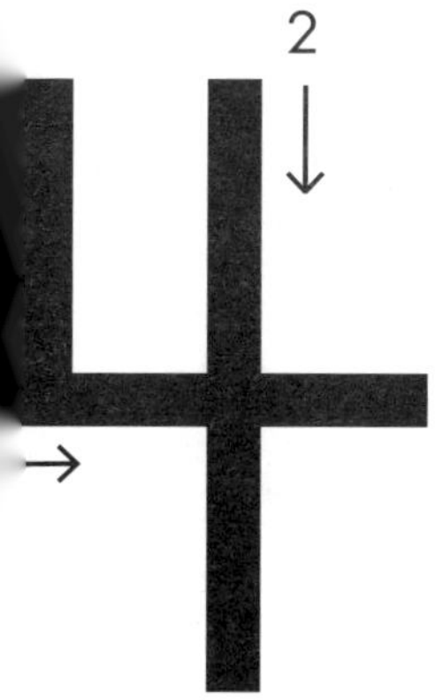

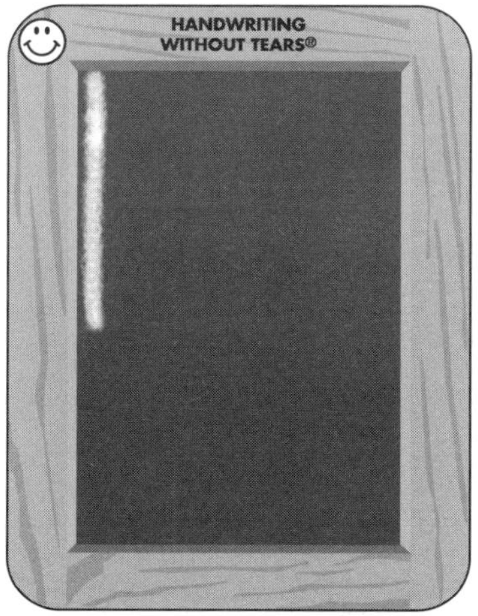

LÍNEA PEQUEÑA 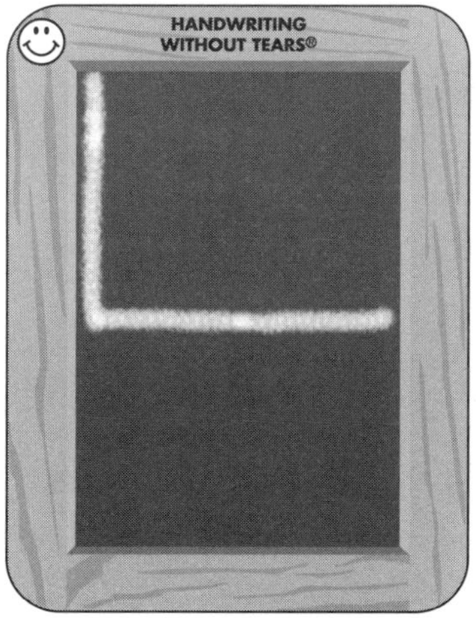   + LÍNEA PEQUEÑA 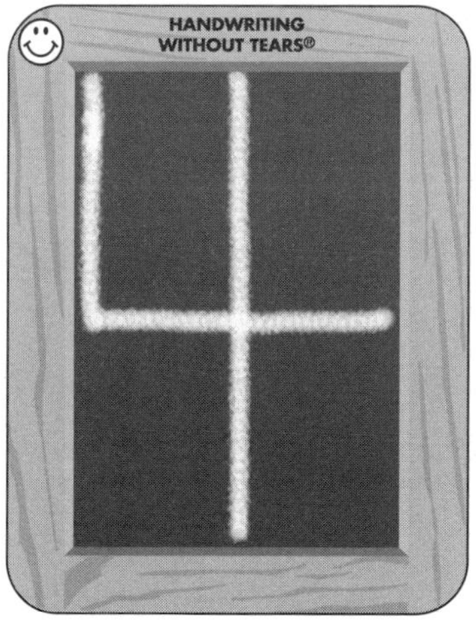   + LÍNEA GRANDE 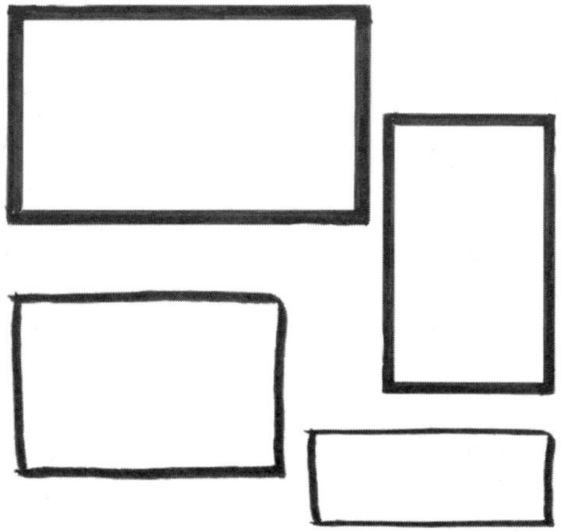   **cuatro rectángulos**

Yo puedo escribir 4.   ☑ Verifica 4

Yo puedo contar hasta 4.

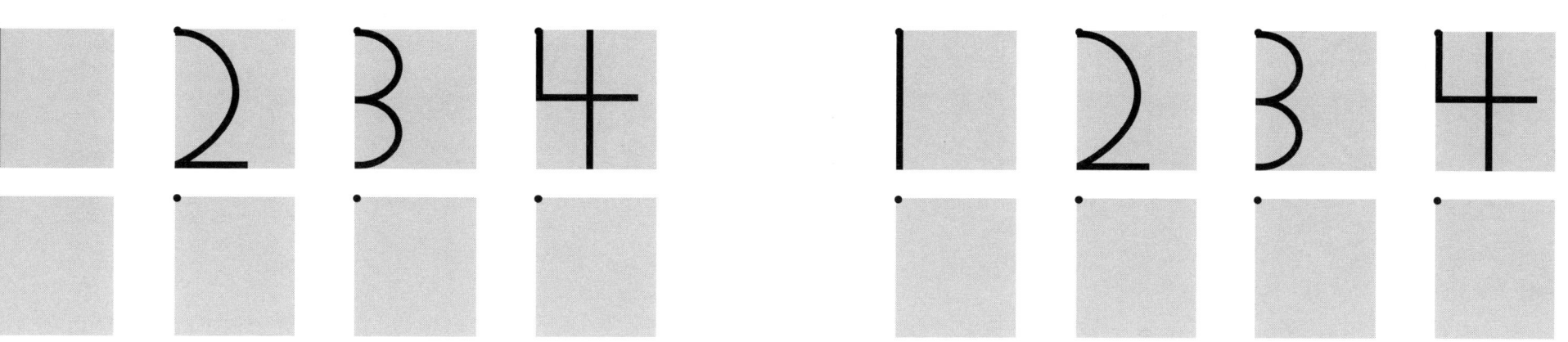

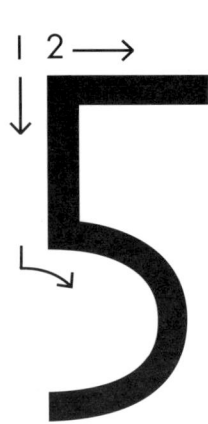
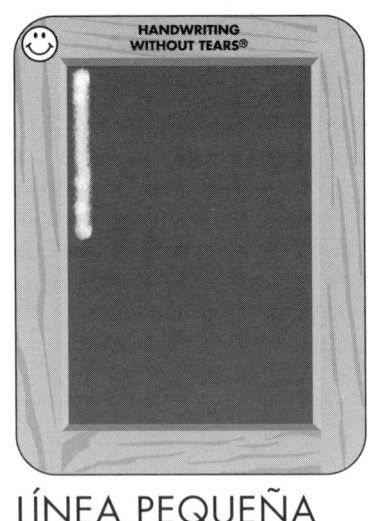

LÍNEA PEQUEÑA + CURVA PEQUEÑA + LÍNEA PEQUEÑA   **cinco sombrillas**

Yo puedo escribir 5.    Verifica 5

Yo puedo contar hasta 5.

LÍNEA GRANDE
QUE BAJA

SE ENROSCA
EN LA ESQUINA

seis osos

Yo puedo escribir b.

 Verifica b

Yo puedo contar hasta 6.

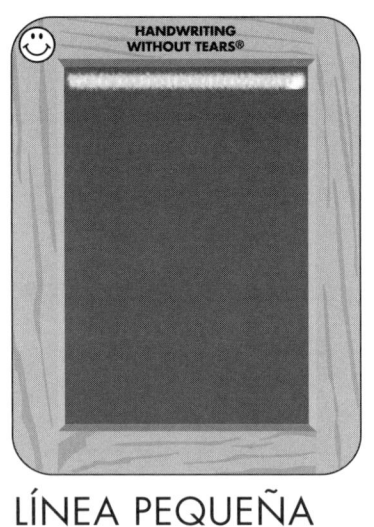 

LÍNEA PEQUEÑA + LÍNEA GRANDE

siete plantas de papa

Yo puedo escribir 7. ☑ Verifica 7

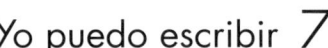

Yo puedo contar hasta 7.

NÚMEROS MALABARES Y PALABRAS

Uno lleva dos 2, tres 3, cuatro 4, cinco 5, seis 6 o siete 7. ¡Bravo!

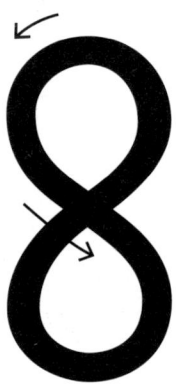  

EMPIEZA CON LA S   SUBE HASTA ARRIBA

ocho arañas

Yo puedo escribir 8.   ☑ Verifica 8

Yo puedo contar hasta 8.

 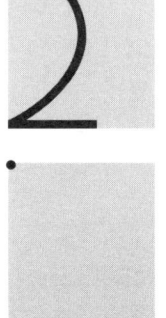 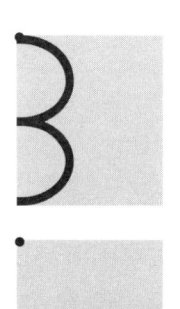  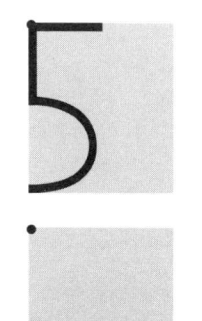 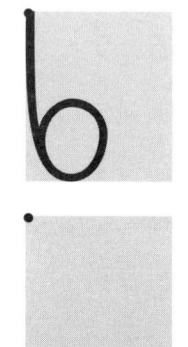 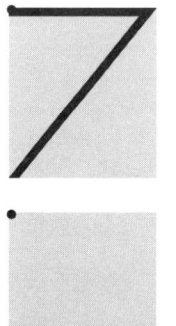 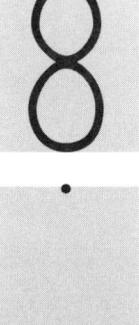

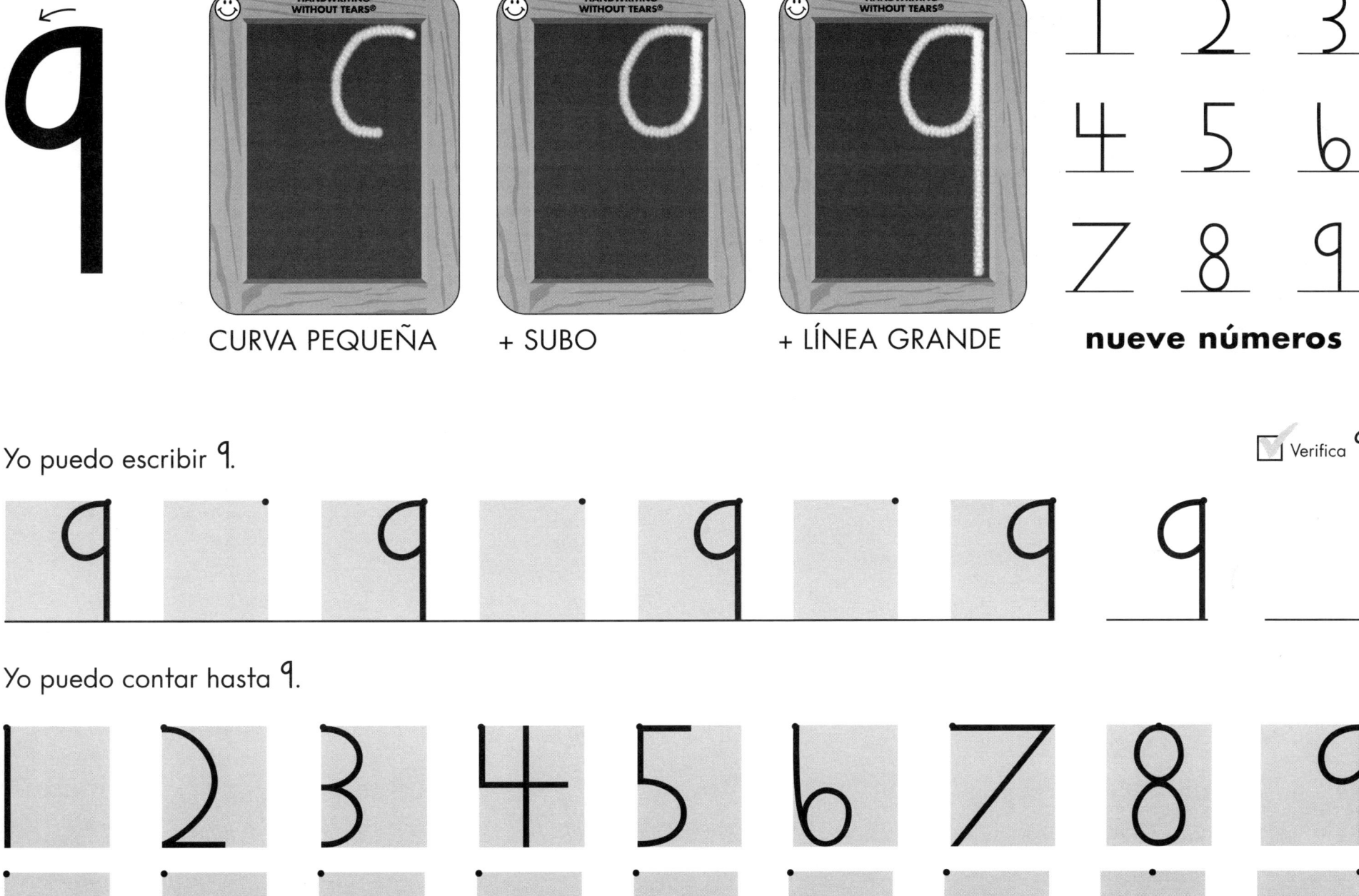

CURVA PEQUEÑA + SUBO + LÍNEA GRANDE **nueve números**

Yo puedo escribir 9.

Yo puedo contar hasta 9.

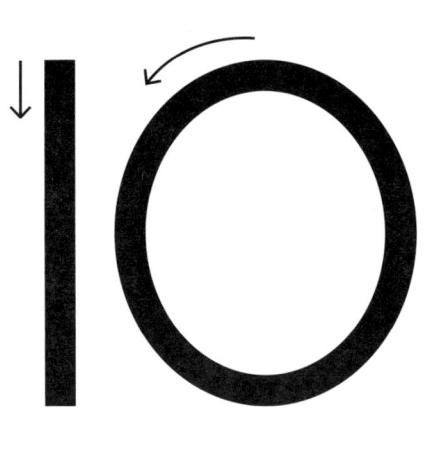

LÍNEA GRANDE

CURVA GRANDE
+ Y DA LA VUELTA

diez globos

Yo puedo escribir 10.

☑ Verifica 10

Yo puedo contar hasta 10.

Mi Libro de Escribir Imprenta

OPERACIONES MATEMÁTICAS

Suma:

0 + 1 = ___   1 + 1 = ___   2 + 1 = ___   3 + 1 = ___   4 + 1 = ___

Resta:

7 - 1 = ___   8 - 1 = ___   9 - 1 = ___   10 - 1 = ___   11 - 1 = ___

Suma:

0	1	2	3	4	5	6	7	8	9
+1	+1	+1	+1	+1	+1	+1	+1	+1	+1

Resta:

2	3	4	5	6	7	8	9	10	11
-1	-1	-1	-1	-1	-1	-1	-1	-1	-1

VERIFICACIÓN FINAL

Nombre_____   Fecha_____

☑ Escribe y verifica el alfabeto en mayúscula.

A

☑ Escribe y verifica el alfabeto en minúscula.

a

☑ Escribe y verifica los números.

1